Bibliografische Information der Deutschen Nationalbibliothek:

Die Deutsche Bibliothek verzeichnet diese Publikation in der Deutschen National-
bibliografie; detaillierte bibliografische Daten sind im Internet über http://dnb.d-
nb.de/ abrufbar.

Impressum:

Copyright © 2015 GRIN Verlag, Open Publishing GmbH
Druck und Bindung: Books on Demand GmbH, Norderstedt Germany
ISBN: 9783668264120

Dieses Buch bei GRIN:

http://www.grin.com/de/e-book/321806/gruenderfinanzierung-und-oeffentliche-
foerdermittel-wie-funktioniert-entrepreneurial

Kristal Robles

Gründerfinanzierung und öffentliche Fördermittel. Wie funktioniert Entrepreneurial Finance?

GRIN Verlag

GRIN - Your knowledge has value

Der GRIN Verlag publiziert seit 1998 wissenschaftliche Arbeiten von Studenten, Hochschullehrern und anderen Akademikern als eBook und gedrucktes Buch. Die Verlagswebsite www.grin.com ist die ideale Plattform zur Veröffentlichung von Hausarbeiten, Abschlussarbeiten, wissenschaftlichen Aufsätzen, Dissertationen und Fachbüchern.

Besuchen Sie uns im Internet:

http://www.grin.com/

http://www.facebook.com/grincom

http://www.twitter.com/grin_com

Hochschule Fresenius

Fachbereich Wirtschaft & Medien

Studiengang: Business Administration

Studienort: München

Entrepreneurial Finance –

**Spannungsfeld Gründerfinanzierung unter
Berücksichtigung öffentlicher Fördermittel**

Genehmigte BACHELORARBEIT

zur Erlangung des akademischen Grades

eines **Bachelor of Arts (B.A.)**

Kristal Robles-Golan

Abgabedatum: 26.01.2015

Zusammenfassung

Deutschland, Land der Ideen. Um Ideen, Innovationen und technische Erneuerungen voranzutreiben ist es wichtig an deutschen Hochschulen und Universitäten eine nachhaltige Gründerkultur zu etablieren. Zu den Förderungen für Existenzgründer zählen vergünstigte Kredite, die Gewährung einer Bürgschaft für ein Darlehen oder Zuschüsse zur Existenzgründung und Fördermittel für hochschulnahe Ausgründungen. Auch Beteiligungskapital wird von Beteiligungsgesellschaften der Förderbanken und staatlichen Fonds angeboten. Warum das Alles? Weil Deutschland Entrepreneure braucht, die Verantwortung übernehmen und durch Innovationskraft Arbeits- und Ausbildungsplätze in zukunftsweisenden Wirtschaftsbranchen generieren. Selbstständigkeit bedeutet Eigenverantwortung zu übernehmen, Risiken zu schultern und flexibel zu sein. Entrepreneurship heißt in diesem Zusammenhang, dass auch junge und gut ausgebildete Menschen den Weg der eigenen Unternehmungsgründung gehen. Entrepreneurship soll dabei als Prozess erfasst werden, in dem unternehmerische Gelegenheiten identifiziert, evaluiert und genutzt werden.

Hierfür wird in dieser Arbeit der Ablauf der Gründung eines innovativen Unternehmens als Prozess dargestellt. Der Focus liegt dabei vorwiegend auf dem Gesichtspunkt der Gründungsfinanzierung im Sinne von Entrepreneurial Finance. Die Bewältigung dieses Aufgabenbereiches ist für den Gründungserfolg von enormer Bedeutung, denn nur bei ausreichender Verfügbarkeit benötigter Finanzierungsmittel kann eine Geschäftsidee realisiert werden und ein vielversprechendes startup wachsen. Mit Hilfe eines aus der Literatur bekannten theoretischen Modells wird der Gründungsprozess in einem Phasen-Diagramm dargestellt, und dabei die Alternativen der Finanzierungsmöglichkeiten in den einzelnen Phasen diskutiert. Wie Entrepreneurial Finance praxisnah funktioniert, wird schließlich anhand einer praktischen Anwendung in Form eines erfolgreichen Ideenpapiers für das Startups Kids-Kleider-Kiste veranschaulicht. Die Kids-Kleider-Kiste ist eine Geschäftsidee, dessen Markteintritt über staatliche Fördermittel und eine hochschulnahe Ausgründung realisiert wurde.

Die vorliegende Arbeit stellt Entrepreneurship als einen in Phasen ablaufenden systematischen Prozess dar und soll künftigen Entrepreneuren, die mit dem

Gedanken einer Unternehmensgründung spielen, einen ersten Einblick über die Thematik Entrepreneurial Finance in den einzelnen Phasen liefern.

Abstract

Germany, Land of Ideas. To push these ideas, innovations and technical re-newals it is important to establish a sustainable culture of founders at the col-leges and universities in Germany. These kinds of funding for entrepreneurs are better rates on loans, the guarantee of bond for a loan or grants towards found-ing a company and subsidies for foundations close to universities and schools of higher education.

State funds and subsidiaries banking corporations also offer venture capital. Why all this? Germany needs more entrepreneurs, who are willing to create work spaces and trainee positions for the future economically sustainable indus-tries. Independency means to take responsibility for your own actions, to deal with risks the right way and to be flexible. Entrepreneurship means here that al-so younger generations and very well educated people can take this course to found their own company. Entrepreneurship may be understood as a process where new corporate opportunities are identified, evaluated and being imple-mented with the founding of a company.

The work presented follows this goal to describe this process of founding an in-novative company and directs the focus hereby towards the task aspects of the financing of such a foundation with regards to entrepreneurial financing. To cover this task is of enormous importance towards the success of the founda-tion. Only when the financing of the plan for the foundation is secured a busi-ness idea can be realized and grow as a promising startup.

According to the theoretical models three phases of the founding process will be explained, whereby alternatives of the financing in each of these phases will be shown. How entrepreneurial financing works in real life is outlined in the de-scription of the foundation financing of the "Kids-Kleider-Kiste", a subscription eCommerce model for kids clothing. This "Kids-Kleider-Kiste" is a business idea which was realized via state funding as an university spin-off.

This work illustrates the process of entrepreneurship as a whole and is here to help future entrepreneurs or students, who consider the idea of founding a company, and provides an overview of the subject of entrepreneurial financing.

Inhaltsverzeichnis

1 Einleitung

Der „German Mittelstand" ist der Motor der deutschen Wirtschaft. Er sorgt für durchgehend hohe Beschäftigung und Produktivität und ist damit das Rückgrat der deutschen Volkswirtschaft. Mehr als 99 Prozent aller deutschen Unternehmen sind kleine und mittelständische Unternehmen (KMU), die fast 55 Prozent zur gesamten Wirtschaftsleistung beisteuern. Mittelständische Unternehmen sind oft innovativ, im Ausland erfolgreich und ein wichtiger Jobmotor für junge Menschen.[1] Trotz dieser besonderen Bedeutung von KMU finden sie in der Öffentlichkeit höchstens am Rand Beachtung. Die Medien werden dominiert von Berichten über Großunternehmen wie Siemens, BMW, HypoVereinsbank oder Nestlé. Dieses Missverhältnis von der öffentlichen Wahrnehmung und der wirtschaftlichen Bedeutung von KMU kann prägnant mit den Worten „dominant und unscheinbar zugleich" umschrieben werden.[2] Dennoch ist Entrepreneurship ein Kernelement der wirtschaftlichen Leistungsfähigkeit eines Landes, denn nur durch eine ausgeprägte Gründungskultur kann der Nachschub an jungen KMU gesichert werden. Zudem ist auch empirisch erwiesen, dass es vor allem junge KMU sind, sogenannte Startups[3], die ein dauerhaftes Wirtschaftswachstum sicherstellen. Dieser Tatbestand macht die Unternehmensgründungsförderung zu einem erklärten Ziel der Bundesregierung und der Europäischen Union. Besonders das Vermitteln von betriebswirtschaftlichen Wissen und Fördermitteln an Hochschulen und Universitäten soll durch einen Technologietransfer vermehrt neue wissensbasierte Unternehmen entstehen lassen.[4]

1.1 Fragestellung und Vorgehensweise

Entrepreneurship ist ein Prozess, den Individuen vorantreiben, um neue unternehmerische Gelegenheiten zu identifizieren, zu bewerten und zu nutzen.[5] Die vorliegende Arbeit folgt dieser Definition und versucht den prozesshaften Charakter von Entrepreneurship darzustellen. Hierzu wird in Kapitel zwei die theoretische Grundlage geschaffen. Begrifflichkeiten zum Thema Entrepreneur und

---

[1] Vgl. Bundesministerium für Wirtschaft und Energie [2014].
[2] Vgl. Fueglistaller et al. [2012], S 44.
[3] Ein Startup beschreibt ein kürzlich gegründetes Unternehmen, dass neben einer innovativen Idee auch die Entwicklung eines skalierbaren Geschäftsmodells sowie die detaillierte Ausarbeitung in einem Businessplan benötigt. Quelle: Gruenderszene.de, Lexikon, verfügbar unter http://www.gruenderszene.de/lexikon/begriffe/startup (22.01.2015).
[4] Vgl. Commission of the European Communities [2008], o.S.
[5] Vgl. Fueglistaller et al. [2012], S 33.

Entrepreneurship werden definiert. Fragen wie: „Was zeichnet einen Entrepreneur aus?", „Wie lässt sich Entrepreneurship erfolgreich gestalten?" und „Wo liegen die Unterschiede zwischen Entrepreneurship und Existenzgründung?" werden diskutiert und beantwortet. Hierzu wird im Besonderen auf den prozesshaften Charakter einer Gründung anhand des Unternehmenslebenszyklus nach Klandt eingegangen und dieser mit den unterschiedlichen Phasen einer Finanzierung in Einklang gebracht. In Kapitel drei, vier und fünf werden die einzelnen Gründungsphasen genauer erläutert. Dabei werden die jeweiligen Finanzierungsmöglichkeiten aufgezeigt. Der Focus liegt hierbei, entsprechend dem Ansatz von Klandt, auf der Vorgründungs- und Gründungsphase sowie dem Aufgabenfeld der Gründungsfinanzierung im Sinne von Entrepreneurial Finance unter Berücksichtigung öffentlicher Fördermittel. Wie Entrepreneurial Finance in der Praxis funktionieren kann, wird in Kapitel drei durch die Darstellung der Vorgründungsfinanzierung der „Kids-Kleider-Kiste" verdeutlicht. Im darauf folgenden Kapitel werden für die Beantragung öffentlicher Fördermittel hilfreiche Tipps für den Antrag eines EXIST- Gründerstipendiums dargelegt. Im fünften Kapitel wird die Frühwachstumsphase genauer erläutert und die Finanzierungsmöglichkeiten werden vorgestellt. Diese Arbeit stellt Entrepreneurship als Prozess umfassend dar und soll zukünftigen Entrepreneuren oder Studenten, die mit dem Gedanken einer Gründung spielen, für den Gründungsprozess an sich sensibilisieren und ihnen einen ersten Eindruck vermitteln, welche Finanzierungsmöglichkeiten für sie in Frage kommen.

1.2 Themenabgrenzung der Arbeit

Der Fokus dieser Arbeit liegt auf dem Problemfeld Entrepreneurial Finance für originäre Gründungen.[6] Das bedeutet konkret, dass sich diese Arbeit auf innovative Startups und ihre Finanzierungsmöglichkeiten innerhalb ihres komplexen Gründungsprozesses konzentriert. Außer Acht gelassen werden dabei derivative und traditionelle Gründungen[7] im Allgemeinen, da diese Formen von Gründungen zwar einen ähnlichen Gründungsprozess durchlaufen, aber eine andere Finanzierungsstruktur aufweisen. Zudem werden in dieser Arbeit weiteren Aufgabenfelder innerhalb des Gründungsprozesses wie Marketing, konstitutive

---

[6] Originäre oder de novo Gründungen übernehmen keine bestehenden Produktionsfaktoren oder Organisationsstrukturen. Vgl. Szyperski/Nathusius [1977], S. 26 f.
[7] Bei derivativen Gründungen werden Ressourcen und Strukturen aus existirenden Unternehmen in eine rechtlich eigenständige Unternehmung überführt. Vgl. Szyperski/Nathusius [1977], S. 26 f.

Entscheidungen (z.B. Standortwahl und Rechtsform) und Aufbau der Unternehmensorganisation nicht eingegangen. Dies bedeutet nicht, dass diese Aufgabenfelder für den Gründungsprozess weniger wichtig sind, sondern lediglich dass sie individuell, d.h. im Bezug auf die jeweilige Gründung, untersucht werden müssen, was jedoch nicht Gegenstand dieser Arbeit ist.

2 Theoretische Grundlagen

2.1 Definition Entrepreneurship

Nach dem etymologischen Ursprung lässt sich „Entrepreneurship" auf das französische Wort „entreprende" zurückführen, was so viel wie „etwas unternehmen" oder „in die eigenen Hände nehmen" bedeutet.[8] Entrepreneurship wird deshalb häufig mit „Unternehmertum" ins Deutsche übersetzt, doch entspricht dies nicht umfassend dem Begriff, weil unter „Unternehmertum" nur die Ausübung der Unternehmerfunktion in einer Unternehmung verstanden wird.[9] Folglich existiert für den Begriff „Entrepreneurship" keine exakte deutsche Entsprechung, was auch mit der Tatsache einhergeht, dass es in der Wissenschaft keine einheitliche Definition von Entrepreneurship gibt. Die gegenwärtige Lesart von Entrepreneurship wurde wesentlich durch die Arbeiten des Ökonomen Joseph Schumpeter geprägt, der dem Entrepreneur mit der Bezeichnung „Innovator" und „Agent des Wandels" zur Berühmtheit verhalf und bereits früh erkannte, dass die Innovation eine zentrale Rolle im Prozessverlauf spielt. Schumpeter sah im Unternehmer vor allem einen Innovator, der Ressourcen neu kombiniert, auf den Markt bringt und damit das Marktgleichgewicht stört. Er sprach vom „Prozess der kreativen Zerstörung" und meinte damit, dass durch die Einführung neuer innovativer Produkte und Dienstleistungen, existierende Marktstrukturen zerstört werden.[10] Günter Faltin, Professor für Entrepreneurship an der Freien Universität Berlin, etablierte hierzu im deutschsprachigen Raum mit seinem Buch „Kopf schlägt Kapital" den Begriff der „konzept-kreativen Gründung": Entrepreneurship ist demnach ein dynamischer Prozess, der nichts erfindet, sondern Bestehendes auf Basis konzeptioneller Geschäftsmodelle neu arrangiert und in Innovationen überführt. Entrepreneurship zeichnet sich folglich

---

[8] Vgl. Fueglistaller et al. [2012], S 24.
[9] Vgl. Faltin [2008], S. 37f.
[10] Gruenderszene.de [2015a.], o.S.

9

dadurch aus, dass Marktchancen erkannt und aufgegriffen sowie gewinnorientiert umgesetzt werden. Es geht beim Entrepreneurship also um einen Dreischritt, bestehend aus der Identifizierung von Marktchancen, dem Entwickeln von Geschäftsideen sowie deren Umsetzung.[11]

Im Rahmen dieser Arbeit wird eine prozessorientierte Sicht von Entrepreneurship angewendet, die das Erkennen, Evaluieren und Nutzen von unternehmerischen Gelegenheiten umfasst.

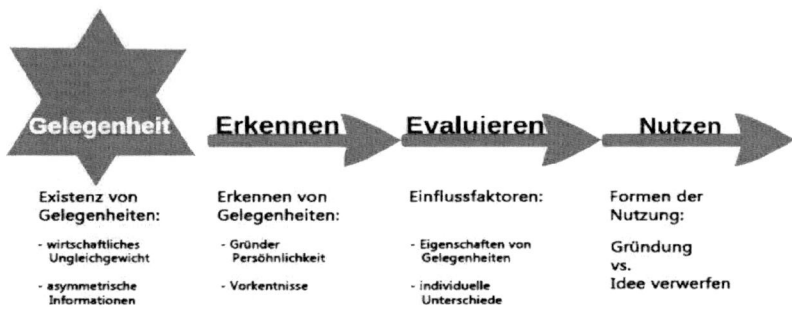

Abb. 1: Prozesskette von Entrepreneurship

(Quelle: eigene Darstellung in Anlehnung an Fueglistaller et al. [2012],S.34)

Die Existenz von unternehmerischen Gelegenheiten wird mit dem Bestehen von asymmetrischen Informationen und wirtschaftlichen Ungleichgewicht begründet. Das Erkennen von Gelegenheiten ist eng an die Person des Gründers gebunden, wobei die Vorkenntnisse und Eigenschaften eines Gründers von entscheidender Bedeutung sind. Bei der Evaluierung muss die unternehmerische Gelegenheit auf ihre Wirtschaftlichkeit hin geprüft werden, es kommt dabei zum einen auf die Eigenschaften der Gelegenheit, aber auch auf die persönliche Neigung des Gründers an. Bei der Identifizierung einer Gelegenheit ist es für den Entrepreneur letzten Endes maßgeblich, ob seiner Einschätzung nach der Nutzen einer unternehmerischen Gelegenheit größer ist als die Opportunitätskosten, die ihm durch das Vernachlässigen anderer Alternativen entstehen. Ist dies

---

[11] Vgl. Faltin [2008], S. 58f.

der Fall wird eine unternehmerische Gelegenheit i.d.R. in Form einer Unternehmensgründung genutzt, ist sie es nicht wird die Idee verworfen.[12]

2.2 Definition Entrepreneur

Bei der Definition des Begriffs Entrepreneur stellen sich die gleichen Probleme wie bei der Definition von Entrepreneurship. Analog zur vorhergehenden Definition von Entrepreneurship als Prozess ist ein Entrepreneur in dieser Arbeit ein Individuum, dass innovative Produkte oder Dienstleistungen am Markt durchsetzt, neue wirtschaftliche Strukturen etabliert und bestehende, weniger innovative Unternehmen aus dem Markt drängt.[13] Nicht jeder Unternehmer ist jedoch automatisch auch gleich ein Entrepreneur, denn dieser unterscheidet sich von normal angestelltem Manager durch bestimmte Eigenschaften und Persönlichkeitsmerkmale, die Ihn zu einer gefragten und schillernden Persönlichkeit in der Wirtschaft macht.

Entrepreneur vs. Unternehmer

Entrepreneure entwickeln Ideen, gründen und leiten Unternehmen, die auf dieser Idee aufbauen und entwickeln sie weiter. Entrepreneure sind folglich besonders in den ersten Lebensjahren eines Unternehmens gefragt, oft geben sie nach einer gewissen Zeit operative Aufgaben an Manager ab und widmen sich neuen Gründungen. Nicht alle Unternehmer hingegen suchen aktiv nach neuen Ideen oder unternehmerischen Gelegenheiten, Ihnen wird primär die Unternehmensleitung beigemessen, weniger der innovative Moment zu Beginn einer Unternehmung. Als Beispiel seien hier Personen genannt, die in einem Großunternehmen arbeiten und dieses verlassen, um die gleiche Aufgabe als Einzelunternehmen wahrzunehmen. Sie sind eher Selbstständige als Entrepreneure.[14]

Entrepreneur vs. Manger

Management lässt sich nach Ulrich definieren als Gestalten, Lenken und Entwickeln zweckorientierter soziotechnischer Institutionen.[15] Diese Definition von Management schließt die Weiterentwicklung eines Unternehmens mit ein, was auch Entrepreneur-ship Prozesse umfassen kann. Die Managementtätigkeit

---

[12] Vgl. Fueglistaller et al. [2012], S 21.
[13] Vgl. Faltin [2008], S. 213f.
[14] Vgl. Faltin [2008], S. 37f.
[15] Vgl. Ulrich [1984], o.S.

besteht allerdings häufig zu einem großen Teil aus der Erledigung des Tages-geschäfts, ohne das neue Geschäftsfelder erschlossen werden. Neben diesem Unterschied spielt die Bedeutung von Wachstum und Innovationsgrad eine wichtige Rolle.[16]

2.3 Persönlichkeitsprofil eines erfolgreichen Entrepreneurs

Ein Entrepreneur verfolgt immer eine Wachstumsstrategie, er fühlt sich der In-novation verpflichtet, führt hartnäckig notwendige Ressourcen zusammen und hat das dringende Bedürfnis etwas zu erreichen. Doch wie genau macht er das, bzw. welche Eigenschaften sollte ein Entrepreneur haben, um erfolgreich ein Team führen und ein Unternehmen aufbauen zu können?

Eine umfassende empirische Studie des Berliner Wirtschaftswissenschaftler David Scheffer ergab folgende Eigenschaften die Gründer im Allgemeinen mit-bringen:

Fehlen von negativen Affekten. Gründer haben ein geringes Sicherheitsbe-dürfnis und sind bereit ein hohes Maß an Risiko einzugehen.

Hohe Intuition. Sie erkennen schnell Muster und Zusammenhänge.

Rationale Grundeinstellung. Sie können schnell die eigenen Gedanken fo-kussieren und logische Entscheidungen treffen.

Hohe kognitive Leistungsbereitschaft. Gründer können sich demnach immer wieder motivieren und dabei stark anstrengen.

Hohe **Selbststeuerungskompetenz.** Gründer können leichter und schneller Prioritäten setzen und somit ihr eigenen Aufgaben werten und strukturieren.

Gründer haben ein **hohes Machtmotiv,** sie wollen den Markt beeinflussen um ihr eigenes Reich zu schaffen.

Auch wenn ein Gründer die oben genannten Eigenschaften mitbringt, hängt der Erfolg noch von vielen anderen Faktoren ab. Deswegen scheitern Gründer im-mer wieder, auch wenn ihr Persönlichkeitsprofil theoretisch gut passt.[17]

---

[16] Vgl. Fueglistaller et al. [2012], S 48.
[17] Vgl. Löffer [2014], o.S.

2.4 Erfolgsfaktoren des Entrepreneurship

„Erfolg" hat viele Gesichter, die folgende Arbeit widmet sich einer klassischen Erfolgsbewertung gemäß dem Wirtschaftlichkeitsprinzips, indem das oberste Ziel eines Unternehmens die Gewinnmaximierung ist.[18] In den USA wurde aufbauend auf der Begleitung zahlreicher innovativer Gründungen das Timmons-Modell entwickelt, dass zur Strukturierung des unternehmerischen Prozesses dient und als Ansatzpunkt für die Identifikation von Erfolgsfaktoren dienen kann, da es die Steigerung des Unternehmenswertes als zentrale Orientierungsgröße für die Messung des Erfolges heran zieht.

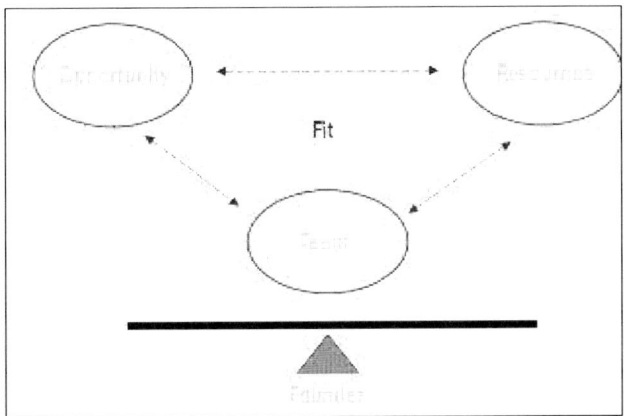

Abb. 2: The Entrepreneurial Process nach Timmons

(Quelle: Timmons / Spinelli [2007], S.89)

Bei Timmos „Model of the Entrepreneurial Process" ist es die Aufgabe des Gründers drei Faktoren, welche auch als „The Three Driving Forces" bezeichnet werden, immer neu den Umwelteinflüssen anzupassen. Das Modell gliedert sich in die drei Faktoren Opportunity, Ressourcen und Team und dem Gründer selbst.

Diese drei Erfolgsfaktoren sind durch mehrere Teilelemente zu spezifizieren:

Bei der **Opportunity**, die erste Kraft der „driven forces" ist der schwierigste Teil die Bewertung der Geschäftsidee und den dazugehörigen Chancen. Sie ist deshalb vor allen Dingen durch eine Markteinschätzung bezüglich der Nachfra-

---

[18] Vgl. o.V. Existenzgruender-helfer.de [o.J.], o.S.

ge, der Marktgröße und der Margen, die erzielt werden können, gekennzeichnet. Im "Modell of the Entrepreneurial Process" legen die Autoren großen Wert
auf die Opportunity, sie ist das Herz des Unternehmens und somit ein wichtiger
Indikator für zukünftigen Erfolg. Bei den **Ressourcen** ist es laut Timmons und
Spinelli nicht wichtig schon vor der Unternehmensgründung möglichst viele Kapitalgeber zu akquirieren, es kommt vielmehr darauf an kreativ und sparsam die
vorhandenen Ressourcen einzusetzen. Neben den finanziellen Mitteln, zählen
z. B. die Mitarbeiter und der Businessplan zu den Ressourcen, deren Einsatz
koordiniert werden soll, aber nicht die treibend Kraft für den Prozess sein darf.[19]
Es gilt also bei der Beschaffung der Ressourcen „Think cash Last".[20] Das **Team**
besteht im Timmons-Modell aus einem Lead-Entrepreneur und dem Management Team. Es ist die Aufgabe des Entrepreneurs, das Team, die Ressourcen
und die Opportunity zu einem im Gleichgewicht befindlichen System zu formen.
John Doerr sagte einmal: "I prefer a Grade A entrepreneur and team with a
Grade B idea, over a Grade B team with a Grade A idea."[21] Mit einem starken
Team kann auch eine zweitklassige Opportunity entwickelt werden, die Qualität
des Teams ist somit ein entscheidender Erfolgsfaktor. Die schwierigste Aufgabe
ist es, nachdem das Team erstellt wurde, die einzelnen Faktoren Opportunity,
Ressourcen und Team zu einem sich in Balance befindenlichen System zusammen zu führen. Timmons und Spinelli bezeichnen hierbei den Gründer als
einen Jongleur, der mit den "Three Driving Forces" jongliert, während er auf einem Ball steht, der sich auf einem bewegendem Förderband befindet.[22] Die
Kompetenz hierfür wäre ein weiterer wichtiger Erfolgsfaktor.

2.5 Entrepreneurship versus Existenzgründung

Alle neuen Unternehmensgründungen haben zu Beginn ähnliche Probleme und
Eigenschaften, aber nicht jede Gründung ist auch als „**entrepreneurhaft**" zu
bezeichnen. Ein Mensch, der einen Frisör Laden oder eine Rechtsanwaltskanz-
lei eröffnet, ist kein Entrepreneur. Er tut etwas, was zum einen in der Regel seinem Berufsstand entspricht und zum anderen schon viele vor ihm getan haben.
Es werden häufig bereits bestehende Geschäftskonzepte imitiert und es wird
durch solche Gründungen weder ein neues Bedürfnis noch eine neue Nachfra-

---

[19] Vgl. Timmons/Spinelli [2007], S.88 f.
[20] Timmons/Spinelli [2007], S.90.
[21] William/Timmons [1992], S.8.
[22] Vgl. Timmons/Spinelli [2007], S.91.

ge geweckt oder befriedigt.[23] Die vorliegende Arbeit beschäftigt sich mit **entrepreneurhaften Gründungen,** die besonderer Eigenschaften aufweisen, die
darüber hinausgehen, nur „klein" und „neu" zu sein. Das Geschäftskonzept von
Entrepreneuren ist stark wachstumsorientiert und beruht auf einer innovativen
Idee.[24] Im Englischen wird dieses Unterschied deutlich, denn es wird zwischen
„Entrepreneurship" und „Business Administration" durch „das innovative Moment und den Neuanfang"[25] unterschieden. Entrepreneuere benötigen zur Umsetzung ihrer Geschäftsidee i.d.R. in größeren Umfang Sach- und Finanzmit-
teln, die in den meisten Fällen die Eigenmittel der Gründer übersteigen. Daher
gelten entrepreneurhafte Gründungen als sehr risikoreich, sie bieten aber auch
hohe Wachstums- und Renditechancen. Hierzu zählen Gründungen, die tech-
nologieorientierte Produkte und innovative Dienstleistungen hervorbringen.[26]

2.6 Der Gründungsprozess

Gemäß Kapitel 2.1 kann Entrepreneurship als Prozess verstanden werden, den
Individuen vorantreiben, um neue unternehmerische Gelegenheiten zu identifizieren, zu bewerten und zu nutzen. Der Gründungsprozess eines Unternehmens ist hierbei ein sehr komplexes Unterfangen, da eine Unternehmensstruk-
tur erst neu geschaffen und aufgebaut werden muss. Aus der Wissenschaft gibt
es eine Vielzahl von Modellen, in denen die Aufgabenschwerpunkte während
eines Gründungsprozesses bestimmt, und den einzelnen Gründungsphasen
zugeordnet werden. Alle Modelle gehen davon aus, dass ein Gründungsprozess seinen Anfang in der Gewinnung und Nutzung einer Geschäftsidee nimmt
und mit der erfolgreichen Etablierung eines jungen Unternehmens am Markt
endet. Die verschiedenen Phasenmodelle unterscheiden sich hierbei hinsicht-
lich der Benennung und Anzahl der Phasen, sowie der Schwerpunktsetzung der
Aufgaben in den einzelnen Phasen.[27]

Um den Gründungsprozess darzustellen wird in dieser Arbeit das Lebenszyk-
lusmodell einer Gründung nach Klandt aufgezeigt, da in diesem Phasenmodell
der Focus auf der Vorgründungs- und Gründungsphase liegt. Somit wird der

---

[23] Vgl. Fallgatter [2002], S. 22.
[24] Vgl. Fueglistaller et al. [2012], S. 21.
[25] Vgl. Faltin [2008], S. 37f.
[26] Vgl. Prof. Dr. Ripsas/Schaper/Nöll [2013], S.9f.
[27] Vgl. Kulka [2007], S. 10.

Zielsetzung dieser Arbeit, entrepreneurhafte Gründungen und deren Finanzierungsmöglichkeiten umfassend darzustellen, sehr gut Rechnung getragen.

2.6.1 Vorstellungen des Phasenmodells nach Klandt

Klandt´s Phasenmodell gliedert sich in die Vorgründungsphase, die Gründungsphase und geht dann in die Frühentwicklungsphase über. Die einzelnen Phasen fallen je nach Branche und Gründungsform zeitlich unterschiedlich lang aus. Klandt unterscheidet die einzelnen Phasen zudem weiter in anstehende Aktivitäten und daraus folgenden Resultate. Innerhalb dieser Unterteilungen wird noch zwischen personenbezogenen und konzeptbezogenen Entschlüssen und Prozessen unterschieden. Somit wechselt das Aufgabenspektrum mit der Entwicklung und dem Eintritt der Unternehmensgründung in eine neue Phase.[28] Das Modell dient zur Orientierung innerhalb des Gründungsprozesses und soll den Bezugsrahmen für die einzelnen Finanzierungsalternativen darstellen, die einem Unternehmen in der Vorgründungs-, Gründungs,- und Frühentwicklungsphase zur Verfügung stehen.

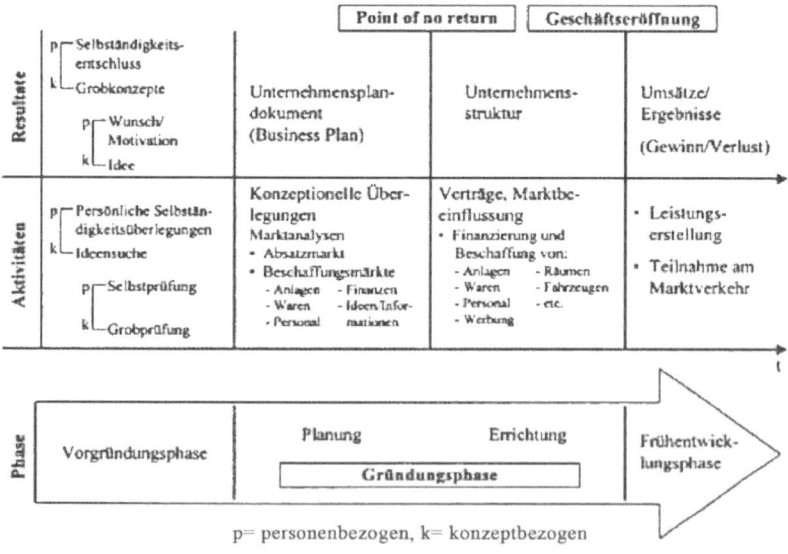

Abb. 3: Phasenmodell der Unternehmungsgründungsplanung
(Quelle: Klandt [2006], S.108)

---

[28] Vgl. Klandt [2008], S.108.

2.6.2 Phasenmodell der Gründungsfinanzierung

Innerhalb des Lebenszyklus eines Unternehmens ergeben sich verschieden An-
forderungen an die Finanzierungsstruktur und -dauer sowie an das Finanzie-
rungsvolumen. Eine der Kernherausforderungen für jeden Gründer bzw. jedes
Gründerteam besteht daher in der Sicherstellung der jederzeitigen Zahlungsfähigkeit und in der Optimierung der Finanzierungsstruktur des Unternehmens
entsprechend der Phasen des Unternehmenslebenszyklus. [29]

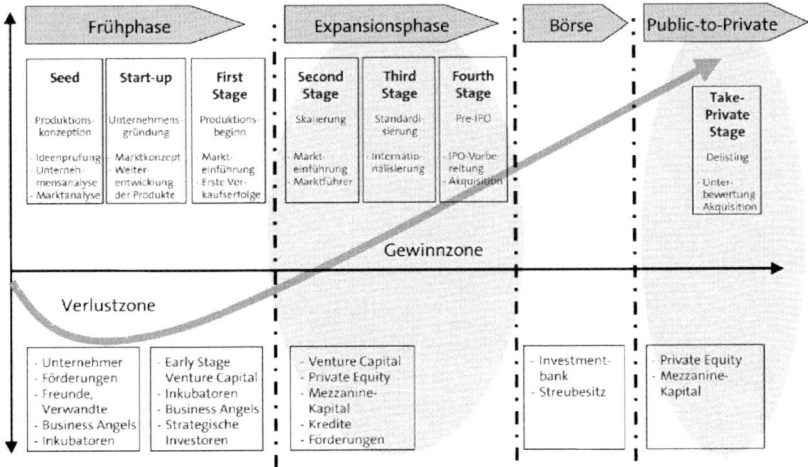

Abb. 4: Unternehmensfinanzierungsphasen im Wachstum

(http://www.grabherr.at/index.php/Risikokapitalinstrumente_im_unternehmerisc
hen_Wachstumsprozess.)

Anhand der oben dargestellten Unternehmensfinanzierungsphasen werden im
weiteren Verlauf dieser Arbeit die Finanzierungsaspekte systematisiert, und die
zur Verfügung stehen Finanzierungsquellen in der Frühphase vorgestellt. Da
der Fokus auf entrepreneurhaften Gründungen liegt, wird hierbei nur auf die
Frühphase aus Kapitalgebersicht genauer eingegangen, der Terminus aus der
Finanzwelt ist hierbei ein anderer, als der im Unternehmenslebenszyklus nach
Klandt. Aus der Finanzperspektive wird die Vorgründungsphase Seed-Phase,
die Gründungsphase Startup-Phase und die frühe Wachstumsphase First Stage
genannt.

---

[29] Vgl. Fueglistaller et al. [2012], S. 258.

3 Die Vorgründungsphase

In der Vorgründungsphase steht so mancher Gründer vor der Aufgabe, Sicherheit eines Angestelltenverhältnisses gegen die Chancen und Risiken des Entrepreneurships abzuwägen. Hierbei sollten nicht nur die Vor- und Nachteile dieser beiden Möglichkeiten gegeneinander abgewogen werden, sondern auch geprüft werden ob grundsätzlich die nötigen Eigenschaften und Qualifikationen vorhanden sind.[30] Des Weiteren ist es notwendig eine tragfähige Geschäftsidee zu entwickeln, mit der man die Selbstständigkeit umsetzen will. Einer gründlichen Selbst- und Grobprüfung der eigenen Vorstellungen und der Geschäftsidee sollte die Ausarbeitung eines detaillierten Konzepts folgen. Für einen Gründer bedeutet das, dass er sich entschieden hat in Zukunft selbstständig zu arbeiten. Darüber hinaus sollte das Geschäftsmodell abgeleitet werden und man sollte den Wunsch und die Motivationen warum man sich für die Selbstständigkeit entschieden hat, skizzieren können. Die genannten persönlichen Entscheidungen und konzeptionellen Grundsteine sind notwendig damit man auf die kommenden Schritte vorbereitet ist, die viele Veränderungen mit sich bringen.[31]

3.1 Seed Finanzierung

Der Kapitalbedarf in der Seed-Phase hängt stark vom Gründungsvorhaben und der angestrebten Branche ab. Tendenziell haben Technologieunternehmen wegen ihrer Entwicklungs- und Forschungstätigkeit zu Beginn einen hohen Finanzierungsbedarf, während neuartige Dienstleistungsunternehmen weniger Kapital benötigen. Fast allen Unternehmen ist in der Seed-Phase gemein, dass betrieblichen Aufwendungen keine Einnahmen gegenüberstehen. Das Risiko eines Kapitalgebers ist daher in der Seed-Phase am Höchsten, weshalb die Finanzierung zu diesem Zeitpunkt oft in erster Linie durch Eigenmittel in Form von Ersparten des Entrepreneurs erfolgt.[32] Des Weiteren kommen für eine Finanzierung in der Seed-Phase folgenden Außenfinanzierungs-formen in betracht:

3.1.1 Die 3F: Family, Friends und Fools

Die 3F's stehen für die Begriffe Familie („Family"), Freunde („Friends") und begeisterte Vermögende („Fools"), bei denen sich Gründer finanzielle Unterstüt-

---

[30] Verweis auf Kapitel 2.3 Persönlichkeitsprofil eines erfolgreichen Entrepreneurs
[31] Vgl. Klandt [2008], S.106f.
[32] Vgl. o.V. Foerderland.de [o.J.], o.S.

zung erhoffen, vorausgesetzt, die emotionale Bereitschaft dazu besteht und die Mittel sind kurzfristig verfügbar.[33] Kapital von Familie oder Freunden wird oft auch als „Love Money" bezeichnet.[34] Ein Vorteil dieser Finanzierungsart besteht darin, dass bei Familienmitgliedern oder Freunden Vertrauen gegenüber dem Gründer besteht und deshalb oft keine genaueren Informationen bezüglich des Geschäftsmodells für Sie relevant sind. Zudem sind die Finanzierungskosten frei verhandelbar und aufgrund der persönlichen Beziehung in der Regel günstig. Die Finanzierungshöhe ist abhängig vom familiären Hintergrund und dem Netzwerk der Gründer. Aus Gründer Sicht ist aber vor allem der emotionale Aspekt dieser Finanzierungsform kritisch zu beurteilen. [35] Die „Fools" sind zu Deutsch wörtlich „Idioten", dieser Ausdruck bezieht sich jedoch überspitzt auf die hohe Risikobereitschaft der Investoren und nicht auf die Bewertung ihres Geistes. Es gibt mittlerweile auch in Deutschland Privatpersonen, oftmals selbst erfolgreiche Unternehmer und/ oder Personen in Führungspositionen, die sich in Aussicht auf hohe Renditen auf eine Finanzierung in der Seed-Phase spezialisiert haben.[36]

3.1.2 Accelerator und Inkubatoren Programme

Die Ziele von Acceleratoren und Inkubatoren stimmen in vielen Punkten überein, doch es sind vor allem die Rahmenbedingungen, die unterschiedlich angesetzt sind. Acceleratoren Programme fungieren als Beschleunigungsprogramme für Startups in der Frühphase, weshalb sie auch Startup Booster genannt werden. Sämtliche Accelerator Programme zeichnen sich durch die folgenden drei Eckpfeiler aus. Den Neugründungen wird ein Coaching durch Mentoren und ein individuell gestaltetes Investment innerhalb eines engen Zeitrahmens von drei bis sechs Monaten geboten, indem das Programm verläuft. Neben branchennahen Unternehmen die Accelerator Programme aus strategischen Gründen ins Leben rufen, gründen auch branchenfremde Unternehmen Accelerator Programme, wie z.B. Microsoft (Startup-Center in Berlin) oder die Pro7Sat1 Media AG (Pro7Sat1-Accelerator). Unternehmen erhoffen sich von ihren Accelerator Programmen in der Regel innovative Ideen und Produkte, günstige technische Lösungen oder neue Absatzwege, die im besten Falle das eige-

---

[33] Vgl. o.V. Existenzgründer-helfer.de [o.J.], o.S.
[34] Vgl. Advani A. [o.J.], o.S.
[35] Vgl. Fueglistaller et al. [2012], S. 269.
[36] Vgl. Advani A. [o.J.], o.S.

ne Kerngeschäft beleben oder erweitern.[37] Inkubatoren kümmern sich um das „Ausbrüten und die Aufzucht" von jungen Unternehmen. Dies geschieht vielfach im Umfeld von Hochschulen und Städten. Die Ziele der Inkubatoren-Programmen liegen in der Steigerung der Überlebensfähigkeit der Startups, der Verkürzung des Zeitraums bis zum Markteintritt sowie in der Bereitstellung oder Vergünstigung von Ressourcen. Inkubatoren unterstützen ihre Startups auch bei der Vermittlung von Fördermitteln, weswegen mittlerweile viele Hochschulen Inkubatorenprogramme anbieten.[38] Als Beispiel kann hier das Strascheg Center for Entrepreneurship (SCE) der Hochschule München mit dem Inkubatorprogramm „Startup League" angeführt werden. Über dieses werden innerhalb eines Zeitraumes von sechs Monaten Gründungsvorhaben mit Beratung & Coaching, einer Sachmittelfinanzierung in Höhe von bis zu 3.500 Euro und kostenfreien Arbeitsräumen innerhalb der Hochschule, gefördert.[39]

3.2 Fallstudie: Kids-Kleider-Kiste

Anhand der Geschäftsidee der Kids-Kleider-Kiste soll im Folgenden eine hochschulnahe Ausgründung exemplarisch dargestellt werden.

3.2.1 Die Startup-League am SCE

Das Strascheg Center for Entrepreneurship (SCE) wurde im Herbst 2002 als An-Institut der Hochschule München von der Falk F. Strascheg Stiftung gegründet und hat sich in den letzten 10 Jahren auf die drei Schwerpunkte Lehre, Forschung und Gründungsförderung spezialisiert. Das SCE bietet hierfür Aus- und Weiterbildungsprogramme im Bereich Entrepreneurship, erforscht und fördert Innovationsprozesse und unterstützt Gründungen aus der Wissenschaft. Hierbei werden junge Unternehmen von der Ideenentwicklung bis zur marktfähigen Innovation begleitet. Damit trägt das SCE zu einer aktiven Zukunftsgestaltung der Gesellschaft und zur Etablierung einer umfassenden Gründungskultur bei.[40] Die SCE-Gründungsförderung unterstützt alle, die eigene unternehmerische Projekte vorantreiben. Die Förderwürdigkeit ist hierbei unabhängig vom Geschäftsgegenstand, entscheidend sind Neuheitsgrad und persönliches Engagement. Neben der offenen Gründungsberatung und regelmäßigen Events

---

[37] Vgl. Räth, M. [2013], o.S.
[38] Vgl. Fueglistaller et al. [2012], S. 271.
[39] Vgl. Strascheg Center For Entrepreneurship (SCE) [2013] S.3.
[40] Vgl. Strascheg Center For Entrepreneurship (SCE) [2013] S.5.

besteht ein Förderprogramm für eine ausgewählte Anzahl intensiv betreuter Gründerteams im Rahmen der SCE Startup-League.[41] Für dieses Inkubator-Programm ist eine Bewerbung ganzjährig möglich. Für die Teilnahme muss zunächst ein überzeugendes Ideenpapier eingereicht werden, der das innovative Geschäftskonzept erläutert. Im Weitern gilt es, in einer etwa fünfzehnminütigen Präsentation die SCE Jury zu überzeugen. Nach einer positiven Entscheidung beginnt das Inkubator-Programm in 3-4 Wochen.

3.2.2 Ideenpapier der Kids-Kleider-Kiste

Das Ideenpapier soll in fünf bis sieben Seiten das innovative Geschäftsmodell anhand der Geschäftsidee, dem Markt und Wettbewerb, einem Realisierungsplan und dem Team, erläutern. Die folgende Gliederung und der Inhalt dient zur beispielhaften Darstellung eines gelungenen Ideenpapiers. [42]

0. Kurzvorstellung: Kids-Kleider-Kiste

Executive Summary

Die Kids-Kleider-Kiste verleiht hochwertige Markenkinderkleidung und Schuhe im monatlichen Abo. Angeboten werden Kleiderkisten für die Altersgruppe von 0-5 Jahren, die entsprechend der Jahreszeit sowie der Vorgaben der Eltern bei Bestellung zu Geschlecht, Größe und Kleidungsstil zusammengestellt werden. In die Kiste kommen nur Kleidungsstücke die der Firmenphilosophie „Sparen, entdecken und nachhaltig konsumieren" gerecht werden. So können unsere Kunden mit der Kids-Kleider-Kiste bis zu 90% sparen und gleichzeitig neue Designer und kleine Öko-Labels entdecken. Passt die Kiste nicht mehr und/ oder wechselt die Jahreszeit wird sie gegen eine neue eingetauscht. So sparen Eltern Geld und Platz und das Kind ist immer gut gekleidet.

---

[41] Vgl. Strascheg Center For Entrepreneurship (SCE) [2013] S.22.
[42] Vgl. Strascheg Center For Entrepreneurship (SCE) [2014] S.1.

1. BEQUEM & EINFACH
ONLINE BESTELLEN

2. DEINE KIDS-KLEIDER-KISTE
KOMMT ZU DIR NACH HAUSE

3. ALLES DRIN ZUM ANZIEHEN
PASSEND ZUM STIL&GRÖßE

Abb. 5: Kids-Kleider-Kiste: So funktioniert´s

(Quelle: eigene Darstellung in Anlehnung an: http://www.coupons4u.de/2619/tollabox-gutscheine)

1. Geschäftsidee

Hier ist eine genaue Beschreibung des Produkts/der Dienstleistung gefragt.

„Was ist das Neue/Besondere an Ihrer Geschäftsidee?" [43]

Produkte / Dienstleistung

Mit der Kids-Kleider-Kiste erhalten Eltern hochwertige Kleidung bekannter Marken wie Steiff, Belly Button, Sterntaler oder Ralph Lauren für ihre Kinder in der richtigen Größe, passend zur Jahreszeit und entsprechend Ihrer Stilvorgaben, Sie nutzen die Kleidung so lange sie möchten und können sie dann im Tausch gegen eine neue Kleider-Kiste wieder an uns zurück schicken.

Passend zur Jahreszeit und in der richtigen Größe des Kindes

Kinder im Alter von 0-5 Jahren wachsen besonders schnell aus oft teuer erstandener Kleidung heraus. Dabei ist gute und passende Kleidung wichtig für die Pflege eines Kindes, weshalb Eltern viel Zeit, Geld und Geduld in die Kleiderausstattung Ihrer Kinder stecken. Mit der Kids-Kleider-Kiste reicht es bequem online das Geschlecht, die Größe und die Stilvorlieben anzugeben und Sie erhalten passende Outfits regelmäßig zugesandt. Versandkostenfrei und ohne Rückgabefristen.

„Wie wollen Sie mit Ihrem Produkt/Ihrer Dienstleistung Geld verdienen?"[44]

Nach der Bestellung wird den Kunden die Kleiderkiste versandkostenfrei mit einem Rückportoschein nach Hause geliefert. Die Kleider können so lang, wie sie

---

[43]Strascheg Center For Entrepreneurship (SCE) [2014] S.1.
[44] Strascheg Center For Entrepreneurship (SCE) [2014], S.1.

dem Kind passen und Freude bereiten behalten, oder jederzeit zurückgeschickt werden.

Je nach Anzahl der Outfits, die gleichzeitig verliehen werden, gestaltet sich der Preis. So ist eine kleine Kleiderkiste mit 6 Outfits und 5-7 Teilen schon für 19,90 €/Monat zu haben, die große Kleiderkiste mit 10-12 Teilen und damit ca. 25 Outfits kostet 34,90 €/Monat. Die kleine Kiste unterstützt die bestehende Garderobe eines Kindes, während die große Kiste ausgenommen von Unter- und Nachtwäsche eine komplette Kleiderausstattung abdeckt. Für die ganz Kleinen, also von 0-1 Jahren, bietet die Kids-Kleider-Kiste ein Erstausstattungs-Abo zu 39,90 €/Monat an, welches weitgehend die komplette Bekleidungsausstattung incl. Body und Nachtwäsche eines Babys abdeckt.

„Welche Zielgruppe sprechen Sie an und was ist der Kundennutzen?[45]

Kundennutzen

Im Mittelpunkt unserer Geschäftsidee steht der Nutzen für Familien mit Kindern, die entsprechend unseren Firmenmotto „sparen, entdecken und nachhaltig konsumieren" von der Kids-Kleider-Kiste profitieren sollen.

Geld, Platz und Zeit sparen: Eine durchschnittliche Familie mit einem Kind gibt im ersten Lebensjahr ihres Babys ca. 900 EUR[46] für Kleidung aus. Mit unserer Erstausstattungs-Kiste, ist ein Baby mit Markenkleidung in Wert von 1200-1500 EUR gekleidet, während die Eltern dafür lediglich 479 EUR bezahlen. Wechselt die Jahreszeit oder ist die Kleidung zu klein geworden, müssen Eltern die für sie nunmehr unbrauchbaren Sachen nicht mehr im Schrank oder Keller lagern oder sich um den Verkauf auf dem Flohmarkt kümmern, das spart viel Platz, Zeit und Mühen.

Neue Marken und Labels entdecken und testen: Die Kunden erhalten eine Kleider-Kiste entsprechend Ihrer Stilvorgaben. Welche Marken, Farben und Formen genau in die Kiste kommen ist eine Überraschung. Mit der Kleider-Kiste können Eltern so erstmals neue Marken und Labels entdecken von denen Sie gar nicht wussten, dass es sie gibt. Sie können sich aber auch solche Kleider leisten, die sie sich vielleicht sonst aus Preisgründen nicht gekauft hätten, ent-

---

[45] Strascheg Center For Entrepreneurship (SCE) [2014], S.1.
[46] o.V. RTL [2012], o.S.

weder wegen des hohen Neupreises oder der Unsicherheit, ob das Kind so etwas auch trägt. Bei uns erhalten Sie Kleidung von neuen und bekannten Marken und haben so Zugang zu hochpreisiger Kinderkleidung, ohne diese direkt kaufen zu müssen.

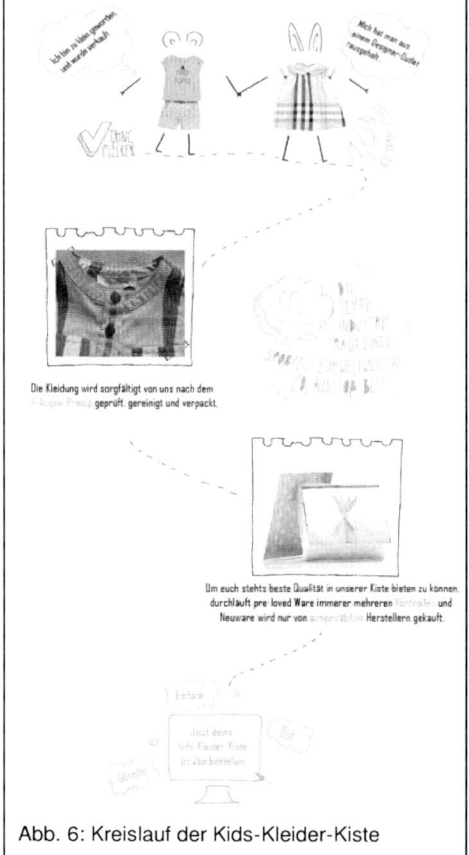

Die Kleidung wird sorgfältigt von uns nach dem … geprüft, gereinigt und verpackt.

Um euch stehts beste Qualität in unserer Kiste bieten zu können, durchlauft pre-loved Ware immerer mehreren … und Neuware wird nur von … Herstellern gekauft.

Abb. 6: Kreislauf der Kids-Kleider-Kiste

(Quelle: eigene Darstellung)

Nachhaltig konsumieren: Es gibt viele gute Gründe Kinder auch mit pre-loved Kleidung auszustatten, die wichtigsten hierbei sind: Babies und Kleinkinder wachsen bereits in 2 bis 6 Monaten aus Ihrer Kleidergröße heraus, die Nutzung ist somit eine vielfach geringere als bei Erwachsenen, die Ihre Kleidung über viele Jahre tragen können. Durch die Wiederverwendung erhöht die Kids-Kleider-Kiste die Ressourceneffizienz, verringert die jährlich produzierte Menge an Altkleidermüll und hilft Eltern dabei, Ordnung im Kinderkleiderschrank zu halten, Geld zu sparen und sich jederzeit auch hochwertige Markenkleider leisten zu können. Und dies genau dann, wenn die Kleidung gebraucht wird. Außerdem ist die Schadstoffbelastung von industriell hergestellten Baby und Kindertextilien ein Nachteil von Neuware, pre-loved Kleidung hat nachweislich eine deutlich geringere Chemie-Belastung, was gerade für empfindliche Babyhaut nur zu empfehlen ist.

„Wie wollen Sie mit Ihrem Produkt/Ihrer Dienstleistung Geld verdienen?"[47]

Erlösmodell

Die Kids-Kleider-Kiste erzielt Umsätze aus den folgenden 3 Einnahmequellen.

Monatliche Mietgebühr: *Unsere Kunden zahlen eine monatliche Gebühr von 19,90, 24,90 oder 39,90 Euro. Dafür erhalten Sie Kleider-Kisten mit 5-12 Teilen oder für ein Baby von 0-12 Monaten eine Komplettausstattung an Kleidung mit bis zu 25 Teilen. Unsere drei Kleidungspakete im Überblick:*

Abb. 7: Unsere monatlichen Abonnementpreise

(Quelle: eigene Darstellung)

Kleiderverkauf: *Einige Kleidungsstücke wollen Kinder oder Ihre Eltern am liebsten behalten. Deshalb kann jeder Kunde nach einer Mietdauer von mindestens zwei Monaten die geliehene Kleidung zu einem Kostenbeitrag von 8 EUR für ein gebrauchtes Teil und 15 EUR für ein neues Teil einfach behalten. Dies ist ein attraktives Zusatzgeschäft. Der Einkaufspreis für neue Textilien liegt in der Regel unter 10 EUR, für gebrauchte unter 4 EUR.*

Cross-Channel-Marketing mit Markenherstellern von Kinderkleidung: *In einem zweiten Schritt möchte die Kids-Kleider-Kiste das Interesse von Markenherstellern für unsere Abo-Kunden wecken, da Sie über die Kiste die Möglichkeit haben, ihre Textilien einem ausgewählten Publikum bekannt zu machen, Kundenfeedback zu testen und Neukunden zu gewinnen.*

2. Markt und Wettbewerb (etwa zwei Seiten)

Der Markt und die aktuelle Wettbewerbssituation kennen und darstellen können.

„Wie sieht der Markt aus, in dem sich Ihre Idee bewegt?

---

[47] Strascheg Center For Entrepreneurship (SCE) [2014], S.1.

Welche Besonderheiten finden Sie in Ihrer Branche vor?

Wie sieht die aktuelle Wettbewerbersituation aus?"[48]

Zielgruppe und Marktvolumen: *Unser Ausgangsmarkt sind Eltern von Babys und Kleinkindern unter 5 Jahren. In Deutschland leben knapp 4 Mio. Kinder dieser Altersgruppe.[49] Unsere Kunden sind neben den Eltern auch Verwandte und Freunde, insbesondere Tanten und Onkel, Omas und Opas. Sie können mit einem Abonnement hochwertige Kleidung schenken, ohne dabei selbst auswählen zu müssen. Unser Zielmarkt ist mittelfristig der Baby- und Kinderausstattungsonlinemarkt. Rund 6,5 Milliarden Euro geben Familien in Deutschland jährlich für das Wohlergehen der Kleinsten aus, 70,1 % Prozent der Ausgaben fallen in den Bereich Baby- und Kinderbekleidung sowie Kinderschuhe. In absoluten Zahlen heißt das, dass in Deutschland 2012 ca. 4,57 Milliarden Euro in den Kategorien Baby- und Kinderbekleidung und Kinderschuhe umgesetzt wurden, davon aber erst rund 20 % im Internet- mit stark steigender Tendenz.[50] Nach eigenen Berechnungen beläuft sich das adressierbare Marktvolumen unseres Ausgangsmarktes derzeit auf rund 920 Millionen Euro im Jahr.*

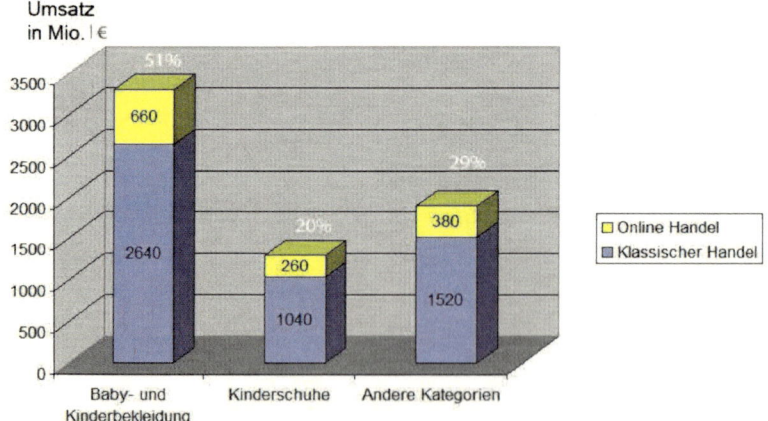

Abb. 8: Marktvolumen Kinderkleidung und Schuhe in Deutschland
(Quelle: eigene Darstellung)

---

[48] Strascheg Center For Entrepreneurship (SCE) [2014], S.2.
[49] Statistisches Bundesamt [2011], S.9.

[50] Vgl. Heinick, H. [2014], S.4.

Wettbewerber

Die Kids-Kleider-Kiste ist deutschlandweit und weltweit das erste Abomodell für Kinderkleidung und Schuhe, dessen Zusammenstellung nach dem Curated Shopping Prinzip erfolgt, entsprechend gibt es keine direkten Wettbewerber. Seit dem letzten Jahr ist Kilenda, ein Onlineshop der Kinderkleidung verleiht, auf dem Markt. Bei Kilenda suchen die Kunden die Kleidungsstücke selbst aus und erhalten nicht wie bei uns eine Überraschungsbox entsprechend Ihren Stilvorlieben, daher ist dieser Anbieter kein direkter Wettbewerber, auch wenn sich unsere Zielgruppen überschneiden. Im Folgenden sollen auch klassische Absatzkanäle für Kinderkleidung und Schuhe als Wettbewerber betrachtet werden, von denen sich die Kids-Kleider-Kiste jedoch stark unterscheidet.

Klassischer Fach- und Onlinehandel: *Rund 2/3 aller Kinderbekleidungs- und Schuhkäufe fanden 2011 noch im stationären Handel statt. Der Anteil der Onlinekäufe steigt in diesen Kategorien jährlich. Waren es 2008 noch 7%, wurde 2014 bereits 20 % aller Käufe online getätigt. Die Kids-Kleider-Kiste vereint die Stärken des Online-Handels mit denen des Fachhandels. Durch die Vermietung in Abo-Kisten erhalten Kinder Markenkleidung und Schuhe zu einem Bruchteil der Kaufkosten, und Eltern können die Kleidung bequem zuhause ausprobieren und neue Trends entdecken, bevor sie sich ggf. für oder gegen den Kauf entscheiden.*

Kinderkleiderverleih: *Seit September 2014 kann man Kinderkleidung im Internet über kilenda.de mieten. Dieser Wettbewerber konzentriert sich jedoch auf die Einzelvermietung von Kleidungsstücken bestimmter Marken, die Kids-Kleider-Kiste dagegen bietet seinen Kunden eine komplette Outfit-Ausstattung, individuell zugeschnitten auf die Wünsche und Bedürfnis unserer Kunden. Damit bietet die Kids-Kleider-Kiste neben der Geld und Platzersparnis seinen Kunden ein hohes Maß an Service, welches für viele Eltern, Omas und Opas eine große Erleichterung darstellen könnte.*

Kleidungssekundärmarkt: *Rund 44% aller Kleidungstücke werden gebraucht im Internet oder auf Flohmärkten gekauft. Wesentlicher Vorteil ist hier natürlich der Kaufpreis, allerdings gibt es bei diesen Kleidungsstücken weder hygienische Sicherheit noch eine professionelle Qualitätskontrolle, über die Beschädigungen oder Sicherheitsrisiken ausgeschlossen werden könnten.*

3. Team

Bei der Teamvorstellung ist es wichtig die einzelnen Teammitglieder mit ihren Erfahrungen und Kompetenzen anhand ihres Lebenslaufs vorzustellen. Hierzu sollten die Aufgaben und Rollen der einzelnen Teammitglieder beschrieben werden und dargestellt werden wieviel Zeit jedes Teammitglied für das Projekt mitbringt. Bei der Bewertung des Teams wird vor allem darauf geachtet, dass die nötigen Ressourcen, die für das Vorantreiben des Geschäftsmodells nötig sind auch durch die Fähigkeiten im Kernteam abgedeckt sind.

4. Realisierungsplan mit Meilensteinen (etwa eine Seite)

Als Realisierungsfahrplan für die Unternehmensgründung eignet sich besonders gut ein Gantt-Diagramm, da es die zeitliche Abfolge von Aktivitäten grafisch in Form von Balken auf einer Zeitachse darstellt und eine umfassende Übersicht über alle Aktivitäten liefert. Im Folgenden ist ein Ausschnitt der 2 Jahres Planung für die Kids-Kleider-Kiste dargestellt, die mittels eines Gantt Plans erstellt wurde. Der Ausschnitt zeigt die Aktivitäten und Meilensteine vor und innerhalb der geförderten 6 Monate im Incubatorprogramm „Startup League" der Hochschule München.

Stand:		2014		2015											
Nr	Aufgabe	Nov	Dez	Jan	Feb	Mrz	Apr	Mai	Jun	Jul	Aug	Sep	Okt	Nov	Dez
1	**Pre-Seed Phase**														
1.1	start-up Team zusammenstellen														
1.2	Entwicklung der Geschäftsidee														
1.3	Suche nach Finanzierungsmöglichkeiten														
1.3	Konzeptausarbeitung														
1.4	Geschäftsmodellierung														
1.5	Aufgabenverteilung innerhalb des Teams														
1.6	Erarbeitung eines Businessplans														
2	**Seed Phase**														
2.1	praktische Konzeption														
2.1.1	Website Entwicklung														
2.1.2	Räumlichkeiten finden														
2.1.3	Logistik-Konzept entwickeln														
2.1.4	Verpackungskonzept erstellen														
2.1.5	Marketing Konzept erstellen														
2.1.6	Pilotkunden finden														
2.2	formale Schritte														
2.2.1	Einigung Gründer Zeit & Geld Investment														
2.2.1	Machbarkeits und fairness check														
2.2.2	Einigung Satzung / Eigenkapitalausweis														
2.2.3	Vorvertrag														
2.2.4	Gesellschaftervertrag														
2.2.5	Formale Gründung														
3	**Startup Phase**														
3.1	praktische Umsetzung														
3.1.1	Website Launch														
3.1.2	Logistikprozesse umsetzen & testing														
3.1.3	Packing & Cleaning Material beschaffen														
3.1.4	Grundinventar beschaffen														
3.1.5	Marketing Starten														
3.1.5	Geschäftsbetrieb starten														
3.1.6	Büroräume & Finanzierung suchen														

Abb. 9: Realisierungsfahrplan im Gantt Digramm

(Quelle: eigene Darstellung)

3.3 Zusammenfassung

Die zentrale Aufgabe des Entrepreneurs in der Vorgründungsphase besteht darin die Geschäftsidee auf ihre wirtschaftliche Tragfähigkeit und die Erfolgsaussichten zu untersuchen. Nachdem sich durch die Informationsbeschaffung und Durchführung von Untersuchungen bestätigt hat, dass auf dieser Idee ein profitables Unternehmen aufgebaut werden kann, entscheidet sich der Entrepreneur für eine Gründung, ist dies nicht der Fall sollte die Geschäftsidee auch nicht weiterverfolgt werden, damit keine weitere Zeit und Ressourcen verschwendet werden.[51] Die Kids-Kleider-Kiste ist ein Beispiel dafür, dass innovative Ideen hochschulnah entwickelt und ausgegründet werden können, denn mit dem gezeigten Ideenpapier ist die Aufnahme in das Inkubatorprogramm der Hochschu-

---

[51] Vgl. Kulka [2007], S. 26.

le München gelungen (Stand Januar 2015). Hierzu ist festzustellen, dass die Idee nur das Werkzeug in der Hand des Entrepreneurs ist, mit welchem die Entstehung eines Unternehmens erarbeitet werden muss.[52]

4 Die Gründungsphase

Die Gründungsphase gliedert sich in die Teilphasen Planung und Errichtung des Unternehmens. Bei der Planung müssen umfangreiche konzeptionelle Überlegungen vorgenommen werden. Dies beinhaltet Marktanalysen zum Absatzmarkt sowie zum Beschaffungsmarkt. Es muss geprüft werden, ob ein Absatzmarkt für das Produkt existiert, welches man in Zukunft anbieten möchte. Als nächster Schritt folgt die Überlegung, welche Ressourcen der Gründer an Know-How, Maschinen, Material und Personal benötigt. Als Ergebnis soll ein konkret ausformuliertes Unternehmenskonzept, also ein fertiger Businessplan entwickelt werden. Hier befindet man sich auch an dem „Point of no Return", d.h. spätestens mit Fertigstellung des Business Plans muss der Gründer alle Zweifel an seinem Vorhaben ausgeräumt haben und mit der rechtlichen und faktischen Umsetzung beginnen. In der Gründungsphase sollten nun die essentiellen Faktorkombinationen soweit aufgebaut sein, dass der Geschäftsbetrieb aufgenommen werden kann.[53] Weiterhin sollten alle formalen Schritte, wie die Meldung bei Gewerbeamt, Finanzamt, Rechtsform der Firma und Anmeldung zur Eintragung ins Handelsregister vorgenommen werden.[54]

4.1 Finanzplanung in der Gründungsphase

Ein Schwerpunkt der Gründungsaktivitäten ist die Erschließung von möglichen Finanzierungsquellen, daher ist eine detaillierte Finanzplanung in der Gründungsphase ein zentrales Kapitel. Im Finanzplan wird die geplante Unternehmensentwicklung in Zahlen dargestellt und er gibt Aufschluss darüber, ob sich das Vorhaben auch rechnet. Begonnen wird der Finanzplan mit der Bestimmung der Gründungskosten und den geplanten Ausgaben für Investitionen. Ob zusätzliches Kapital benötigt wird, sollte mit der Plan GuV und einem Liquiditätsplan ermittelt werden. Diese Teilpläne bauen wiederum auf einer vorange-

---

[52] Vgl. Timmons/Spinelli [2007], S.88 f.
[53] Vgl. Koch/Zacharias [2001], S. 37f.
[54] Vgl. Klandt [2008], S.107.

henden Beschaffungs-, Produktions- und Absatzplanung auf, die im Rahmen der Gesamtunternehmensplanung erarbeitet werden muss.[55]

Bei der Erstellung des Finanzplans sollte in folgenden Schritten vorgegangen werden:

1. Ausgaben zu Beginn: **Gründungskosten und Investitionen**
Ein Gründungsvorhaben unabhängig von der Art der Unternehmung erfordert ein Investment. Für den Finanzplan sind besonders die Gründungskosten und Investitionen relevant. Gründungskosten sind Ausgaben, die meist vor oder während der Gründung anfallen. Investitionen werden während und nach der eigentlichen Gründung getätigt.

2. Ausgaben nach der Gründung: **Laufende Kosten**
Naturgemäß wird in den ersten Monaten mehr Geld in die Unternehmung investiert als eingenommen wird. Dieser Faktor muss im Finanzplan und insbesondere bei der Kapitalbedarfsberechnung berücksichtigt werden. Außerdem muss die Sicherstellung der jederzeitigen Zahlungsfähigkeit in Form einer Liquiditätsplanung kontinuierlich überwacht werden, da Liquiditätsengpässe für ein vorzeitiges Aus sorgen können.

3. **Kapitalbedarf** im Finanzplan ermitteln
Sobald die zu finanzierenden Kosten im Finanzplan ermittelt wurden, kann der gesamte Kapitalbedarf berechnet werden. Erfahrungswerte zeigen, dass Gründer oft den Kapitalbedarf zu gering beziffern. Daher ist es ratsam, zusätzlich zu dem berechneten Kapitalbedarf jeweils einen Puffer mit einzurechnen. Ein zu geringer Kapitalbedarf führt in der Regel zu einem Liquiditätsengpass, der ein Scheitern zur Folge haben kann.

4. Finanzierung des Kapitalbedarfs im **Finanzplan** darstellen
Ist der nötige Kapitalbedarf inkl. Puffer im Finanzplan festgelegt, ist es die Aufgabe des Gründers diese Mittel aufzutreiben. Eigene Mittel, zusätzliches Eigenkapital z.B. über die drei Fs, Business Angel, Venture Capital Fonds oder andere Investoren und/oder eine Reihe an Fremdfinanzierungsinstrumenten (Darlehen, Warenkredite etc.) sind Finanzierungsformen, die relevant sein könnten. Auch die Frage nach dem optimalen Verhältnis zwischen Eigenkapital und

---

[55] Vgl. Fueglistaller et al. [2012], S. 341f.

Fremdkapital ist eine wichtige Frage, die im Finanzplan in diesem Abschnitt beantwortet werden sollte.[56]

4.2 Startup Finanzierung

Gemäß der Goldenen Bankregel sollen langfristige Vermögen, wie z.b. Gebäude oder Maschinen auch langfristig mittels Eigenkapital oder langfristigen Darlehen finanziert werden, da es ansonsten über die Laufzeit zu Finanzierungsproblemen kommen kann.[57] Gemäß dieser Fristenkongruenz stehen dem Entrepreneur zur Deckung des Kapitalbedarfs rein theoretisch viele Alternativen offen, sie sind aber auch gemäß des Verwendungszweckes der Finanzierung zu bewerten. Fehler wie die unzureichende Planung des Kapitalbedarfs, hohe Schulden bei Lieferanten, die Verwendung von kurzfristigen Kreditlinien zur Investitionsfinanzierung oder die Unkenntnis über staatliche Finanzierungshilfen können den Erfolg eines neu gegründeten Unternehmens stark gefährden.[58] Die Anwendung der goldenen Bankregel ist bei der Startup- Finanzierung umstritten, da ein Unternehmen in der Vorgründungs- und Gründungsphase den Kapitalbedarf nur über eine Außenfinanzierung decken kann. Erst im späteren Verlauf, wenn Umsätze erzielt werden, ist eine Innenfinanzierung überhaupt erst möglich.

4.2.1 Finanzierungsmöglichkeiten in der Startup-Phase

Die Ausführungen in dem folgenden Kapitel ergänzen die Finanzierungsalternativen, die bereits in der Vorgründungsphase des Unternehmenslebenszyklus als Formen der Seed Finanzierung vorgestellt wurden. Es sei darauf hingewiesen, dass diese Alternativen neben der Finanzierung der Startup-Phase vor allem für den folgenden Aufbau des Unternehmens gedacht sind.[59]

4.2.2 Business Angel

Ein Business Angel ist eine investierende Privatperson, die sich durch zwei Haupteigenschaften charakterisieren lässt. Sie ist durch seine eigene unternehmerische Erfahrung kaufmännisch bewandert und sie verfügt über das nöti-

---

[56] Vgl. o.V. fuer-gruender.de [o.J.], o.S.
[57] Vgl. o.V. welt-der-bwl.de [o.J.b], o.S.
[58] Vgl. o.V. Bundesministerium für Wirtschaft und Technologie [o.J.a.], o.S.
[59] Vgl. Kulka [2007], S. 37.

ge Privatvermögen.[60] Ein Business Angel stellt i.d.R. dem Unternehmen neben einer finanziellen Beteiligung auch sein Netzwerk und sein fundiertes unternehmerisches Wissen zur Verfügung. Aufgrund dieser aktiven Beteiligung am Unternehmen sind Business Angels vor allem auch erfahrene Unternehmer oder Manager.[61]

4.2.3 Crowd Funding

Bei Crowd Funding oder Schwarmfinanzierung fungiert in der Regel eine online Plattform als Schnittstelle zwischen Startups und Investoren. Der Finanzierungsbedarf wird in Deutschland durch die Bereitstellung vieler einzelner Kleinkredite in Form von patriarchischen Nachrangsdarlehen ermöglicht.[62] Populär geworden ist das Crowd Funding über die in den USA sehr erfolgreiche Internet Plattform kickstarter.com. Diese wurde im Jahr 2009 gegründet und hat alleine im Jahr 2014, 22.252 Projekte mit einem Gesamtinvestitionsvolumen von über 500 Millionen US Dollar realisieren können.[63] Auch in Deutschland hat die Zahl und Bedeutung der Crowd Funding Plattformen spürbar zugenommen, die drei größten und erfolgreichsten deutschen Anbieter sind Innovestment (innovestment.de), Seedmatch (seedmatch.de) und Companisto (companisto.de). Das Gesamtvolumen des durch Crowdfunding eingesammelten Kapitals in Deutschland betrug in den ersten drei Quartalen in 2014 34,9 Millionen Euro mit einer Steigungsrate von über 150 Prozent im Vergleich zum Vorjahr.[64] Besonders beliebt sind in Deutschland bei den Crowd Fundern Projekte aus einem ökologischen, sozialen oder kulturellen Themenbereich. Für eine erfolgreiche Crowd Finanzierung ist es vor allem wichtig, dass die Idee überzeugend präsentiert wird und Massen begeistern kann, weniger die exakte Risikobewertung.[65]

4.2.4 Early Stage Venture Capital

Unter Venture Capital (VC) oder zu Deutsch Risikokapital oder Wagniskapital, wird in verschiedenen Formen Beteiligungskapital verstanden. Das Kapital das von einem Early-Stage VC Geber stammt, wird entweder in der Gründungsphase transferiert oder erst kurz danach. Die Gründungsvorhaben bringen zumeist

---

[60] Vgl. Kollmann [2009], S. 253f.
[61] Vgl. o.V. Bundesministerium für Wirtschaft und Technologie [o.J.b.], o.S.
[62] Vgl. Brendel, O. [2013], o.S.
[63] Vgl. o.V. Kickstarter.com [o.J.], o.S.
[64] Eigene Berechnung beruhend auf o.V. Statista [2015], o.S.
[65] Vgl. Schleuniger [2014], o.S.

hohe Risiken mit sich, da es sich oft um sehr innovative Ideen handelt, bei denen der Markt ungeprüft ist. Das Ziel des VC ist es am Anfang zu investieren und das Unternehmen nach ca. drei bis sieben Jahren gewinnbringend weiter zu veräußern.[66]

Eine Studie der Lutz/ Abel Rechtsanwalts Kanzlei ergab, dass Beteiligungsgesellschaften, wie Venture-Capital-Geber, sich insgesamt weitestgehend aus der Early Stage Finanzierung von Unternehmen zurückgezogen haben. Kapital wird primär in späteren Phasen, in denen bereits ein "Proof of Concept" oder Prototyp existiert, bereitgestellt. Diese Finanzierungslücke wird vor allem durch öffentliche Finanzierungsinstrumente kompensiert.[67]

4.2.5 Öffentliche Beteiligungsgesellschaften

In Deutschland ist deshalb zurzeit der Staat der aktivste Early Venture-Capital Investor. Schätzungsweise sind an rund 45% aller Venture Capital-Investments in der Frühphase öffentliche Beteiligungsfonds beteiligt. Ziel der Staatlichen Beteiligungsgesellschaften ist es, Kapital in Form von Co-Investments von privaten Investoren zu mobilisieren und auf diese Weise zum Aufbau einer investitionskräftigen Venture-Capital Szene in Deutschland beizutragen. Eine Studie von Lutz Abel kommt zu dem Ergebnis, dass der Bund über seine Fonds (ERP-Start-fonds, High-Tech Gründerfonds und EAF) pro Jahr die Möglichkeit hat ca. 109 Millionen Euro zu investieren. Die Länderfonds, die in der Studie berücksichtigt wurden, d.h. Fonds bei denen der Staat (Bund/Bundesländer)

mehr als 50 Prozent der Anteile hält, kommen zusammen auf ein durchschnittliches jährliches Investitionsvolumen von 113,2 Millionen Euro. Die Unterschiede zwischen den einzelnen Bundesländern sind dabei enorm, es gibt Bundesländer wie Thüringen, Berlin, Sachsen-Anhalt und Brandenburg, die sehr aktive Venture-Capital Investoren sind, die Bundesländer Hessen, Niedersachsen und Saarland führen dagegen keine eigenen Wagniskapitalgesellschaften. Dies ist ein wichtiger Punkt, wenn man berücksichtigt, dass staatliche Venture-Capital-Fonds Standortförderung betreiben und das Investment daher häufig an einen regionalen Standort der Zielgesellschaft gebunden ist. Der Fonds-Standort

---

[66] Vgl. Fueglistaller et al. [2012], S. 270.
[67] Vgl. Dr. Jellinghaus [2014], S.3.

Bayern, insbesondere München, spielt hierbei eine besondere Rolle und ist deutschlandweit führend.[68]

4.2.6 Öffentliche Fördermittel

Sie hatten lange Zeit einen schlechten Ruf. Zu bürokratisch, zu aufwendig, zu langweilig, für Startups also praktisch völlig nutzlos. Trotz der vielfältigen Möglichkeiten öffentliche Fördermittel zu erhalten, ist die Frage für welches Startup welcher staatlicher Topf geeignet ist nicht so einfach zu beantworten. Die nachfolgenden genannten Beispiele sind Programme, die sich an Unternehmen in der Gründungs- bzw. Aufbauphase richten. Prinzipiell lassen sich hierbei die meisten Fördermittel in Kredite und direkte Zuschüsse unterteilen. Kredite sind meist Sonderformen, die von Gründern geringe Sicherheiten verlangen oder besonders günstige Rückzahlungsbedingungen bieten. Beispielgebend seien hier die ERP-Gründerkredite, die der Förderung von Gründungs- und Festigungsvorhaben im Bereich der mittelständischen Wirtschaft durch Nachrangdarlehen dienen. Bei Zuschuss- und Zulagenprogrammen wird i.d.R. nicht das Unternehmen, sondern ein Projekt gefördert. Diese Zuschüsse muss man weder zurückzahlen noch Unternehmensanteile dafür abgeben, man verpflichtet sich jedoch das entsprechende Projekt durchzuführen und die Ergebnisse sowie die tatsächliche Verwendung der Mittel zu dokumentieren.[69] Ein besonders umfangreiches überregionales Förderprogramm ist das Förderprogramm EXIST. 1998 startete das Bundesministerium für Wirtschaft und Energie (BMWi) das Gründerprogramm EXIST, um Hochschulabsolventen das Gründen zu erleichtern. In den letzten 15 Jahren wurde durch dieses Programm 1.700 Startups mit innovativen und technologiebasierten Konzepten gefördert. EXIST umfasst drei Förderprogrammlinien:[70]

EXIST-Gründungskultur unterstützt Hochschulen dabei, eine ganzheitliche hochschulweite Strategie zu Gründungskultur und Unternehmergeist zu formulieren und nachhaltig umzusetzen.

EXIST-Gründerstipendium unterstützt die Vorbereitung innovativer technologieorientierter und wissensbasierter Gründungsvorhaben von Studierenden,

---

[68] Vgl. Dr. Jellinghaus [2014], S.4.
[69] Vgl. Cremer [2014], S.64.
[70] Vgl. Dr. Kulicke [2013], S. 2f

Absolventinnen und Absolventen sowie Wissenschaftlerinnen und Wissenschaftlern.

EXIST-Forschungstransfer fördert sowohl notwendige Entwicklungsarbeiten zum Nachweis der technischen Machbarkeit forschungsbasierter Gründungsideen, als auch notwendige Vorbereitungen für den Unternehmensstart.[71]

Die nachfolgende Fallstudie zeigt worauf es bei dem EXIST-Gründerstipendium ankommt und was bei der Beantragung beachtet werden sollte.

4.3 Fallstudie: Finanzierung über das EXIST-Gründerstipendium

Das EXIST-Gründerstipendium (EGS) fördert mit Zuschüssen Gründer an Hochschulen. Die Förderung ist auf ein Jahr beschränkt und dient vor allem der Erstellung eines tragfähigen Businessplans und der Entwicklung marktfähiger Produkte und innovativer Dienstleistungen. Gefördert werden Personalausgaben in Form von personengebundenen Stipendien für maximal drei Personen, dessen Berechtigung und Höhe sich an der Graduierung der Gründer orientiert: Studenten, die mindestens die Hälfte ihres Studiums absolviert haben, erhalten 1 000 € pro Monat, technischer Mitarbeiter 2 000 € pro Monat, Absolventen (bis zu fünf Jahre nach Abschluss bzw. Ausscheiden) 2 500 € pro Monat und promovierte Gründer 3 000 € pro Monat. Für unterhaltspflichtige Kinder der Gründer werden zusätzlich 100 € pro Kind pro Monat als Kinderzuschlag gewährt. Für Sachausgaben können insgesamt bis zu 10 000 € für Einzelgründungen bzw. bis zu 30 000 € für Teamgründungen als zuwendungsfähig anerkannt werden. Für unternehmerisches Coaching und Gründungsberatung werden bis zu 5.000 € gewährt. Antragsberechtigt sind Hochschulen und Forschungseinrichtungen in Deutschland, nicht der Gründer selbst. (Stand Januar 2015)[72]

Tipp: In den Richtlinien zum EGS ist lediglich festgehalten, dass die Gründungsidee als Hauptgeschäftsgrundlage eine technische Produkt- bzw. Prozessinnovation oder innovative Dienstleistung zum Gegenstand haben muss. In der Praxis kommt der technischen Bewertung der Produkt-, Prozess- bzw. Dienstleistungsinnovation eine maßgebliche Bedeutung zu. Verstärkt wird auf einen Forschungs- bzw. Technologietransfer geachtet, aus dem die Gründungs-

---

[71] Vgl. Dr. Kulicke [2013], S. 2f.

[72] Vgl. o.V. Bundesministerium für Wirtschaft und Technologie [2014c], S 1f.

idee entstehen soll und die auf wissenschaftlichen Ergebnissen aus Hochschulen oder Forschungseinrichtungen beruhen soll.

Neben den oben genannten Vorraussetzungen und Bedingungen sind für eine erfolgreiche EXIST Beantragung die drei wesentliche Bausteine, die Anbindung an ein EXIST Gründungsnetzwerk, das Finden eines EXIST Mentors und die Erstellung des EXIST Antrages in Form eines Ideenpapiers von wesentlicher Bedeutung. Im Folgenden werden diese drei Bausteine näher erläutert und hilfreiche Tipps gegeben.

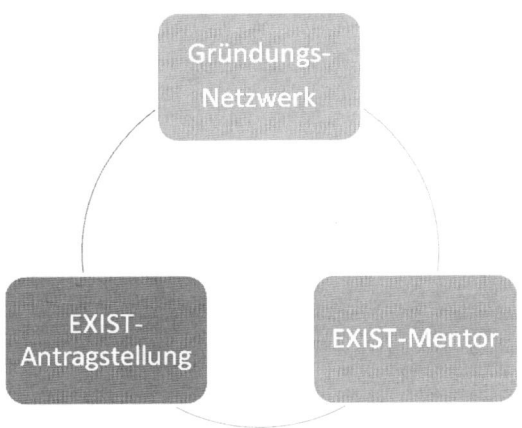

Abb. 10: Bausteine einer EXIST Beantragung
(Quelle: eigne Darstellung)

4.3.1 EXIST-Gründungsnetzwerk

Für das Einreichen eines EXIST Antrages muss das Gründerteam an eines der EXIST-Gründungsnetzwerke angebunden sein, von denen in Deutschland flächendeckend 172 an Hochschulen und Forschungseinrichtungen eingerichtet sind.[73]

Tipp: In Hinblick auf einen EXIST Antrag ist es ratsam ein passendes Gründungsnetzwerk frühzeitig und sehr sorgfältig auszuwählen. Es gibt bei den Netzwerken große Unterschiede in Bezug auf den Umfang und die Qualität der Unterstützung. Man darf hierbei nicht außer Acht lassen, dass die einzelnen

---

[73] o.V. Bundesministerium für Wirtschaft und Technologie [o.J.b], o.S.

Gründerhochschulen und Netz-werke über das BMWi selbst Fördergelder erhalten, Sie stehen dadurch in direkter Konkurrenz zueinander was die Anzahl der geförderten Gründung sowie deren Bewilligungsquote betrifft. Entsprechend erfolgreiche Gründungshochschulen unterstützen nur Projekte von deren Bewilligung sie überzeugt sind, anderseits kann man mit der Aufnahme an solch eine Gründungshochschule ziemlich sicher sein die bestmögliche Betreuung zur Antragstellung zu erhalten.

4.3.2 EXIST-Projekt Mentor

Sind alle Vorraussetzungen durch Gründer und Gründungsvorhaben erfüllt und hat ein Gründungsnetzwerk die Unterstützung zugesagt muss ein EXIST-Projekt Mentor gefunden werden. Falls sich durch Forschungsarbeiten im Vorfeld kein Mentor aus dem Projekt heraus ergibt, sollte bei der Wahl in Hinblick auf den zu realisierenden Forschungstransfer auf die wissenschaftliche Kompetenz des Mentors geachtet werden. Ein im Themengebiet erfahrener Professor oder Wissenschaftler der angebundenen Hochschule ist hierbei die naheliegende Wahl.[74]

Tipp: Grundsätzlich sind alle Professoren an dem EXIST-Gründerstipendium interessiert, da die Fördergelder als Drittmittel über den Lehrstuhl bzw. das Institut fließen. Die meisten Gründerhochschulen setzen die Wahl eines Professors aus Ihrer Hochschule für die Zusage der Unterstützung voraus. Bei den hochschulunabhängigen Netzwerken sind die Gründer freier in der Wahl des EXIST-Mentors. Das Gründerteam sollte sich vorab die Frage stellen, zu welchen Grad das Involvement durch einen Mentor gewünscht, erforderlich oder auch praktikabel ist.

4.3.3 EXIST-Antragstellung

Für die eigentliche Antragstellung ist neben formalen und optionalen Anlagen insbesondere ein detailliertes Ideenpapier von Bedeutung. Das Ideenpapier enthält bereits viele wesentliche Bestandteile eines Businessplans. Neben der eigentlichen Innovation sollte deshalb auch die Geschäftsidee klar dargestellt und eine Markt- und Wettbewerbsanalyse enthalten sein. Zudem sollte ein Konzept für den Markteintritt und eine Finanz- und Realisierungsplanung für die

---

[74] Vgl. Dr. Kulicke, M. [2013], S.6f.

Förderperiode und darüber hinaus beschrieben werden. Das Ideenpapier stellt die größte Herausforderung innerhalb des Bewerbungsprozesses dar, da es die Gründer dazu zwingt die Idee technisch als auch betriebswirtschaftlich auf ca. 20-30 Seiten zu durchleuchten.[75]

Tipps: Da sich das Gesamtfördervolumen für ein einziges EXIST-Projekt auf mehr als 140.000 EUR belaufen kann ist die Darlegung der nachhaltig wirtschaftlichen Erfolgsaussichten ein Knackpunkt im Ideenpapier. Ein zu kleiner Markt trägt dem Investitionsvolumen nicht genügend Rechnung, weshalb die Idee zumindest auf einen potentiellen Millionen wenn nicht gar Milliarden Zielmarkt abzielen sollte.

Die Abschätzung des Marktes und des Wettbewerbes beruht i.d.R. aufgrund der Innovation des Gründungsvorhabens auf einer Vielzahl von Annahmen. Hier sollten Erfolgsaussichten im Vorfeld evaluiert und Meinungen von Branchenexperten eingeholt werden. Sehr positiv in diesem Zusammenhang werden beispielsweise „Letter of Intent" zukünftiger Kunden oder Pilotpartner bewertet.

Es ist auch ratsam das Ideenpapier in enger Zusammenarbeit mit dem vom Gründungsnetzwerk zuständigen Gründungsberater zu erarbeiten und z.B. nach einem ersten Gliederungsgespräch in zwei bis drei wöchentlichen Abstand bereits Korrekturfenster mit Korrektoren abzustimmen.

Abschließend ist noch der Faktor Zeit zu nennen, auch wenn im Internet Erfahrungsberichte von Antragstellern kursieren, die einen Antrag in zwei bis drei Wochen fertig gestellt haben mögen empfiehlt es sich mit deutlich mehr Zeit zu planen. Die richtige Auswahl von Netzwerk, Mentor und Coach will wohl bedacht sein, und da ein Antrag nur in Zusammenarbeit mit diesen Beteiligten entstehen kann, müssen auch Leerlaufzeiten die Feedback und gemeinsame Terminfindungen oft mit sich bringen berücksichtigt werden. Auch die Beschaffung von aussagekräftigen „Letters of Intent" ist abhängig von der Rückmeldung dritter Parteien und nimmt erfahrungsgemäß mehr Zeit in Anspruch als zunächst veranschlagt. Sind alle nötigen technischen Darstellungen, Details, Zahlen, Daten und Fakten zusammengetragen gilt es diese in Form zu bringen, was vom Aufwand gleichsteht mit der Ausarbeitung eines Businessplans. Des-

---

[75] Vgl. o.V. Bundesministerium für Wirtschaft und Technologie [2014b], o.S.

halb ist es ratsam zwischen Arbeitsbeginn und Zieldatum für die Antragsabgabe als Richtgröße etwa drei Monate zu veranschlagen.

4.3.4 Zusammenfassung

Im Mittelpunkt der Gründungsphase steht die detaillierte Planung des Gründungsvorhabens, dessen Ergebnisse schriftlich in einem Businessplan festgehalten werden. Die Erstellung des Businessplans oder eines ähnlichen Dokuments zwingt den Entrepreneur zum einen zur intensiven Auseinandersetzung mit seiner Geschäftsidee und zum anderen ist es als Instrument für die Akquisition von Kapital nötig um potentielle Kapitalgeber von der Geschäftsidee zu überzeugen.[76] Es ist daher ein fundamentaler und unabdingbarer Bestandteil der Gründungsphase und Grundlage für die Beantragung von Finanzierungsmitteln. Als Fallbeispiel für eine mögliche Finanzierung wurde in diesem Kapitel das EXIST-Gründerstipendium exemplarisch erläutert und Tipps zur Antragstellung erteilt, da die Finanzierung bis hin zur Wachstumsphase auf dem aktuellen deutschen Finanzierungsmarkt über staatliche Fördermittel immer noch am aussichtsreichsten ist.

5 Die Frühentwicklungsphase

In der Frühentwicklungsphase nimmt das Unternehmen durch die Einführung seiner Produkte erstmals am Geschehen des Marktes teil. Die Geschäfte des Unternehmens sollten erste Umsätze generieren und das Unternehmen sollte als Ziel den „Break-Even-Point" vor Augen haben. Die wesentlichen Aktivitäten in der Produktion, dem Marketing und Vertrieb sind in dieser Phase auf ein schnelles und konsequentes Wachstum gerichtet. Nur so kann das Unternehmen sich Marktanteile sichern und einen relevanten Kundenstamm aufbauen. In dieser Phase sollten junge Unternehmen bestrebt sein sich zu relevanten Marktteilnehmern zu entwickeln. Um zukünftigen Nachfragen auch gewachsen zu sein, sollte man sich an diesem Punkt auch Gedanken über Produktionskapazitäten machen. An dieser Stelle endet das Phasenmodell nach Klandt. Zur Vervollständigung betrachten wird hier noch kurz die weiteren Phasen eines Lebenszyklusmodells. Der Eintritt in die Entwicklungsphase ist gekennzeichnet durch den „Break-even-Point". Sobald das Unternehmen diesem Punkt passiert

---

[76] Vgl. Kulka [2007], S. 45f.

hat, sind die Erträge und Kosten gleich hoch und es sollte eine steile Wachstumsphase folgen. Das Unternehmen muss nun seine Vertriebs- und Produktionskapazitäten erweitern und ist mit dem so generierten Umsatz in der Lage einen Gewinn zu erwirtschaften.[77] Weitere für ein Unternehmen typische Phasen sind nach der Wachstumsphase die Reife- und Wendephase.[78] Diese sind für die Betrachtung eines Unternehmens in seiner Gründung weiter nicht von Interesse, da der reine Gründungprozess eines Unternehmens abgeschlossen ist.

5.1 First Stage Finanzierungsmöglichkeiten

Für eine Wachstumsstrategie werden trotz Umsätze weitere finanzielle Mittel benötigt. Die in den vorhergehenden Phasen bereits vorgestellten Finanzierungsmöglichkeiten über private und institutionelle Eigenkapitalgeber können auch weiterhin als Finanzierungsquellen dienen. Fördermittel hingegen sind i.d.R. an einen gewissen Lebensabschnitt des Unternehmens gebunden. Es gibt zwar auch eine Vielzahl von Fördermittel, die über die Gründungsphase hinaus greifen, jedoch richten sich diese dann spezifisch an einzelne Branchen. Im Folgenden wird deshalb lediglich ein Ausblick auf die Möglichkeiten öffentlicher Fördermittel gegeben, sowie die in der Wachstumsphase zusätzlich denkbaren Finanzierungsinstrumente der Innenfinanzierung, Kreditfinanzierung und Mezzanine Finanzierung vorgestellt.[79]

5.1.1 Wachstumsorientierten Fördertöpfe

Auch die wachstumsorientierten Fördertöpfe gibt es sowohl auf Europäischer-, auf Bund- und Länderebene. Die Europäische Union fördert hierbei Visionäre und groß angelegte Forschungsprojekte. Gefördert werden Unternehmen die Lösungsvorschläge für Probleme im europäischen Rahmen anbieten, soziale und kulturelle Projekte vorantreiben, sowie Projekte die eine transnationale Zusammenarbeit fördern. Derzeit werden z.B. mit jeweils 500 Millionen EUR und einer Laufzeit von 10 Jahren ein Material Graphen Projekt und das Hirnforschungsprojekt „The Human Brain Projekt (HBP)" gefördert.[80] Auf Bundes- und Länderebene werden Projekte gefördert, deren Themen eher deutschlandbezo-

---

[77] Vgl. Klandt [2008], S.54.
[78] Hohman [2011], S.23.
[79] Vgl. Fueglistaller et al. [2012], S. 258f.
[80] Vgl. o.V. European Comission [2014], o.S.

gen sind. Ein typisches Beispiel hierfür wären die Innovationsgutscheine, mit denen jedes Bundesland die Ausgaben von jungen Unternehmen für umsetzungsorientierte Forschungs- und Entwicklungstätigkeiten mit bis zu 50 % Prozent und maximal 20.000 EUR bezuschussen kann. Bezuschussbar sind Technologie und Marktrecherchen, Machbarkeitsstudien, Designstudien, Prototypenbau, Produkttests und Umweltverträglichkeitsstudien. Voraussetzung hierfür ist, dass es sich um ein kleineres Unternehmen handelt. Die Obergrenzen hierfür sind von Bundesland zu Bundesland unterschiedlich. Zu beachten ist hierbei noch die Beschränkung bezüglich anderer staatlicher Förderungen. Nimmt ein Unternehmen jedoch einen Innovationsgutschein in Anspruch, so sind ihm alle weiteren staatlichen Förderungen untersagt[81]

5.1.2 Innenfinanzierung

Da das Unternehmen in der Wachstumsphase bereits nennenswerte Umsätze erzielen und Gewinne erwirtschaften sollte, hat es zu diesem Zeitpunkt zum ersten Mal im Gründungsprozess die Möglichkeit, sich aus selbst erwirtschaftetem Kapital zu finanzieren. Hierzu zählt im Wesentlichen die Finanzierung durch Gewinne, Umschichtung, Rückstellungen und Abschreibungen. Eine **Finanzierung durch Gewinne** ist nur dann möglich, wenn die Gesellschafter durch Mehrheitsbeschluss gänzlich oder teilweise auf eine Gewinnausschüttung verzichten. Dieser Vorgang wird auch Gewinnthesaurierung oder offene Selbstfinanzierung genannt. Bei der stillen Selbstfinanzierung bildet das Unternehmen stille Reserven, d.h. Vermögenswerte werden unterbewertet oder Verbindlichkeiten überbewertet. Die stille Selbstfinanzierung entsteht zum Teil zwangsläufig, gerade bei jungen noch nicht steueroptimierten Unternehmen aufgrund der Rechnungslegungsvorschriften in Deutschland.[82] Bei der **Umschichtungsfinanzierung** wird kein zusätzliches Kapital geschaffen, sondern es wird gebundenes Vermögen in finanzielle Mittel umgewandelt. Häufig wird hierbei kurzfristiges Fremdkapital durch finanzpolitische Maßnahmen in Langfristiges umgewandelt.[83] Unter der **Abschreibungsfinanzierung** versteht man den Finanzierungseffekt, der dadurch entsteht, dass Anlagevermögen gemäß den Steuervorschriften abgeschrieben wird, und sich daraus ein Abschreibungsrückfluss

---

[81] Vgl. o.V. Innovationsgutscheine [2014], o.S.
[82] Vgl. o.V. welt-der-bwl.de [o.J.c], o.S.
[83] Vgl. o.V. Wirtschaftslexikon24.com [o.J.], o.S.

bildet. Dieser Fond an liquiden Mitteln führt aber im Gegensatz zu anderen Kosten, wie z.B. Löhne und Gehälter, oder Materialaufwand, nicht zu Auszahlungen
und steht somit dem Unternehmen zur Verfügung.[84] Bei der **Finanzierung aus
Rückstellungen** können die Mittel, bis zur Inanspruchnahme der Rückstellungen, im Unternehmen genutzt werden. Somit dienen Rückstellungen z.B. für
Pensionen, auch langfristig der Finanzierung des Unternehmens.[85] Die Innenfinanzierung bringt die Vorteile mit sich, dass dieses Eigenkapital sofort und un-
befristet verfügbar ist und die Beschaffung sich schneller und einfacher gestaltet als andere Finanzierungsquellen. Zudem wahrt das Unternehmen über eine
hohe Eigenkapitalquote, Selbstbestimmung und Unabhängigkeit und verbessert
ihre Kreditwürdigkeit.[86]

5.1.3 Fremdfinanzierung

Bei der Finanzierung eines Unternehmens wird nach der Rechtsstellung des
Kapitalgebers zwischen der Eigenfinanzierung und Fremdfinanzierung unter-
schieden. Unter Fremdfinanzierung versteht man die Kapitalzuführung, bei der
der Kapitalgeber Gläubiger des Unternehmens wird. Das Fremdkapital ist in der
Bilanz auf der Passivseite ersichtlich und umfasst die Verbindlichkeiten und
Rückstellungen. Es lässt sich somit einfach durch die Addition der genannten
Bilanzposten berechnen, der Umfang in welchen ein Unternehmen mit Fremd-
kapital finanziert ist, nennt sich Fremdkapitalquote.[87]

5.1.3.1 Banken

Aufgrund der teilweise niedrigen Eigenkapitalquoten und der Auswirkungen von
Basel II steht die Finanzierung über Banken in Deutschland in der Diskussion.
Obwohl die Finanzierung von Startups für viele Banken ein wichtiges Ge-
schäftsfeld ist, existiert für gewisse Branchen und für die Early Stage Finanzierung im Allgemeinen ein Kreditfinanzierungsengpass. In Deutschland übernehmen deshalb die Banken die Rolle des Finanzierungspartners der KfW-
Bankengruppe mit ihren öffentlichen Förderprogrammen. Die Konditionen sind
je nach Programm unterschiedlich, liegen aber derzeit im Bereich von 0,5-2,07

---

[84] Vgl. o.V. welt-der-bwl.de [o.J.a], o.S.
[85] Vgl. o.V. welt-der-bwl.de [o.J.d], o.S.
[86] Vgl. Fueglistaller et al. [2012], S. 261.
[87] Vgl. Wedell, H./Dilling, A.A. [2013], S.18f.

% bei mittleren bis längeren Laufzeiten (Stand Januar 2015).[88] Alle Kredite der KfW Bankengruppe zeichnen sich durch günstige Zinsen, lange Laufzeiten und meist rückzahlungsfreie Anlaufphasen aus. Die KfW Förderkredite für Unternehmen umfassen derzeit vier Säulen:

ERP-Kapital für Gründungen: ist Nachrangkapital[89], mit dem Gründungen, Übernahmen und Beteiligungen finanziert werden können. Es können bis zu 500.000 € beantragt werden, welche durch bankübliche Sicherheiten besichert werden müssen. Allerdings gibt es die Möglichkeit, dass die KfW Bankengruppe für die Hausbank, bei der der Kredit eingereicht werden muss, bis zu 100 % der Haftung übernimmt.

ERP-Gründerkredit StartGeld: Dient ersten Investitionen und Betriebsmitteln des Vorhabens. Gefördert werden Existenzgründer, Unternehmensnachfolger und junge Unternehmen, die noch keine drei Jahre am Markt tätig sind mit einem Kredit bis zu 100.000 €, der durch banküblich abgesichert sein sollte. Auch hier kann die KfW Bankengruppe bis zu 80 % der Haftung übernehmen. Beantragt wird der Kredit über die Hausbank, die den Antrag an die KfW Bankengruppe weiterleitet.

ERP-Gründerkredit Universell: Ist die Erweiterung des Gründerkredits Start-Geld und fördert auch junge mittelständische Unternehmen, die noch keine 5 Jahre am Markt tätig sind. Beantragt werden kann ein Betrag bis zu 10 Millionen EUR. Eine Übernahme der Haftung durch die KfW Bankengruppe ist hier nicht mehr möglich und es werden lediglich bankübliche Sicherheiten wie zum Beispiel Lebensversicherungen akzeptiert.[90]

KfW-Unternehmerkredit Plus: Fördert Investitionen und Betriebsmittel von innovativen mittelständischen Unternehmen und Freiberufler, die von mindestens zwei Geschäftsjahren aussagekräftige Jahresabschlussunterlagen vorweisen können. Beantragt werden kann ein Betrag von bis zu 7,5 Millionen EUR.[91]

---

[88] Vgl. Fueglistaller et al. [2012], S. 272.
[89] Nachrangkapital ist eine Verbindlichkeit gegenüber dem Gläubiger, in diesem Fall der Bank. Der wesentliche Unterschied zu den „normalen" Schulden ist, wie der Name schon verrät, dass diese Verbindlichkeiten nachrangig sind. Diese Gelder bleiben i.d.R. länger im Unternehmen und dürfen auch im Falle eines Konkurses oder der Liquidation erst nach Befriedigung aller nicht nachrangigen Gläubiger zurückgezahlt werden. Quelle: boersenlexikon.de, Lexikon, verfügbar unter http://boersenlexikon.faz.net/nar akap.htm (24.01.2015).
[90] Vgl. BMWi [2012], S. 5
[91] Vgl. o.V. KfW Bankengruppe [o.J.], o.S.

5.1.4 Mezzanines Kapital

Mezzanines Kapital ist eine relativ neue Finanzierungsform, die häufig in der Wachstumsphase verwendet wird, da durch dieses Kapital die bestehende Anteilsstruktur nicht verändert wird. Mezzanine ist eine Zwischenform der Eigenkapital- und Fremdfinanzierung. Es wird zwischen der Quasi-Eigenkapital und Quasi-Fremdkapital Form unterschieden. Mezzanine Kapital mit Eigenkapitalcharakter sind atypische stille Beteiligungen. Hier nimmt der Gläubiger am Wertzuwachs eines Unternehmens teil oder erhält Anteilrechte in Form von Darlehen mit Options- oder Wandlungsrechten oder Genussaktien. Quasi Fremdkapital hat einen starken Fremdkapitalcharakter durch die Nicht- Teilnahme am Wertzuwachs, aber einer privilegierten Gewinnteilnahme über eine typische stille Beteiligung, ein partiarisches Darlehen (Gewinnbeteiligung ohne Stimmrecht, privat), ein Gesellschafterdarlehen (nachrangig ungesichert), ein Genussrecht (Beteiligung am Liquidationserlös, Gewinnbeteiligung ohne Stimmrecht) oder eine Hochzinsanleihe.[92]

5.2 Zusammenfassung

In der Wachstumsphase streben entrepreneurhafte Unternehmen in erster Linie nach einem schnellen Wachstum. Zur Realisierung eines schnellen Wachstums sollte ein Unternehmen verschiedene Finanzierungsformen in Betracht ziehen. Zu den zuvor genannten Finanzierungsmöglichkeiten kommt in der Wachstumsphase die Kreditfinanzierung hinzu, und im Bestfall verfügt ein Unternehmen in dieser Lebensphase bereits über ein Innenfinanzierungspotential, das die Wachstumsbestrebungen zusätzlich unterstützt.[93]

6 Abschlussbetrachtung

6.1 Zusammenfassung

Die Gründung eines Unternehmens ist eine komplexe Aufgabe, bei der ein Entrepreneur viele Hürden meistern muss und schwere Entscheidungen zu treffen hat. Zusammenfassend kann man diesen Prozess wie folgt beschreiben: In der Vorgründungsphase tritt der Entrepreneur den Gründungsprozess los, indem er eine aussichtsreiche Marktchance erkennt und dazu unternehmerische Überle-

---

[92] Vgl. Fueglistaller et al. [2012], S. 260.
[93] Vgl. Fueglistaller et al. [2012], S. 288f.

gungen anstellt. Im Mittelpunkt der Gründungsphase steht eine detaillierte Planung des zukünftigen Unternehmens, die in einem schriftlich abgefassten Businessplan zusammengefasst wird. Die Gründungsphase endet mit der formalen Gründung des Unternehmens. Abgeschlossen wird der Gründungsprozess mit der Frühentwicklungsphase, in welcher sich das junge Unternehmen am Markt etabliert, sein Marktangebot ausweitet und zu einem gewichtigen Marktteilnehmer wird. Die Finanzierung des Wachstums bedingt die Erschließung weiterer Finanzquellen.[94] Das Ziel dieser Arbeit bestand darin, Entrepreneurship als Prozess zu beschreiben und damit einen Überblick über diesen dynamischen Prozessverlauf zu geben, sowie Möglichkeiten der Finanzierung des Gründungsvorhabens unter Berücksichtigung öffentlicher Fördermittel aufzuzeigen. Während des Gründungsprozesses steht dem Entrepreneur theoretisch eine Vielzahl von verschiedenen Finanzierungsinstrumenten zur Verfügung. Die tatsächlich möglichen Alternativen wurden den entsprechenden Gründungsphasen zugeordnet und die wesentlichen Merkmale dargestellt. [95]

6.2 Schlussfolgerung

Ohne Geld bleibt eine Idee meist nur eine Idee, deshalb muss ein erfolgreicher Entrepreneur die Gründungsfinanzierung aus verschiedenen Finanzquellen sicherstellen können. Nachdem die Regierung die Startup Szene als Jobmotor und Produzent zukünftiger KMU entdeckt hat, hat die Regierung unter Bundeskanzlerin Angela Merkel kürzlich verbesserte Rahmenbedingungen für Startups und deren Investoren in Aussicht gestellt. Darüber hinaus zeichnet sich in Deutschland das Aufkeimen einer Entrepreneurship- Kultur ab. Berlin hat sich zum europäischen Hotspot der Internetszene entwickelt. Großunternehmen wie Mittelständler suchen über Acceleratoren, Incubatoren oder eigne Venture-Capital Einheiten die Nähe zu Startups und kaum eine Hochschule verzichtet heute noch auf einen Entrepreneurship Lehrstuhl. Mit neuen Regionalfonds, Gründerzentren, Technologieparks, Know-how-Transfereinrichtungen und spezialisierten Lehrstühlen hat sich das Klima für Entrepreneure in Deutschland deutlich aufgehellt. Doch die To-Do-Liste der Bundesregierung zur Verbesserung der Rahmenbedingungen für Gründer, sowie für Risiko- und Wachstumsfi-

---

[94] Vgl. Klandt [2008], S.16f.
[95] Vgl. Kulka [2007], S. 70.

nanzies in Deutschland ist lang. Wenn der Gründergeist in Deutschland belebt werden soll muss sich noch einiges tun. Abgearbeitet ist bis heute zu wenig, denn großen Ankündigungen sind bis dato nur einige Taten gefolgt. Da mutet es schon tragisch-komisch an, wenn etwa die KfW Bankengruppe zukünftig wieder als Ankerinvestor[96] auftreten wird, Investments von Business Angeln im Umkehrschluss mit dem „Anti-Angel-Gesetz"[97] zusätzlich besteuert werden sollen. Ein Schritt vor, ein Schritt zurück, am Ende stehen wir wieder am Anfang. Die Regulierungsdichte droht die unternehmerische Initiative in Deutschland zu lähmen und die aufblühende Gründungskultur in Keim zu ersticken.[98] Ein zukunftsweisendes Umdenken der Regulierungsbehörden, die den ohnehin mit zahlreichen Fallstricken gepflasterten Weg des Entrepreneurs nicht noch erschwert wäre sicher für eine blühende Gründungskultur in Deutschland zu empfehlen und je länger die Politik hier nicht handelt, desto mehr werden Zukunftschancen verspielt.

---

[96] Als Ankerinvestor bezeichnet man jenen Investor, der sich mit einem großen bzw. dem größten Anteil an börsennotierten Unternehmen, Startups bzw. auch an Venture Capital Fonds beteiligt. Damit wird die Finanzierung des Unternehmens bzw. des Fonds sichtbar sichergestellt – auch für andere potentiell interessierte Investoren und für alle anderen Anspruchsgruppen.
[97] Beim Anti-Angel-Gesetz geht es um die Versteuerung von Erträgen aus der Veräußerung von Streubesitzbeteiligungen. 2012 stand das Anti-Angel-Gesetz erstmals auf der politischen Agenda, konnte aber verhindert werden. 2014 brachte der hessische Finanzministers Thomas Schäfer (CDU) das Thema erneut auf die Tagesordnung.
[98] Vgl. Garbs [2014], S. 14f.

Literaturverzeichnis

Advani A. [o.J.]

Deciding Whom to Ask for Money. Verfügbar unter: http://www.entrepreneur.com/article/83792 (22.01.2015)

Brendel, O. [2013]

Gabler Wirtschaftslexikon. Definition Crowdfunding, verfügbar unter: http://wirtschaftslexikon.gabler.de/Definition/crowdfunding.html (23.01.2015).

Bundesministerium für Wirtschaft und Energie (BMWi) [2014]

German Mittelstand: Motor der Deutschen Wirtschaft. Zahlen und Fakten zu deutschen mittelständischen Unternehmen.

Commission of the European Communities [2008]

Communication from the Commission to the Council, the European Parliament, the European Economic and the Social Committee and the Committee of the Religions, verfügbar unter: http://eurlex.europa.eu/LexUriServ/LexUriServ.do?uri=COM:2008: 0394:FIN:EN:PDF (22.02.2015).

Cremer, R. [2014]

Öffentliche Fördermittel - Alternative zum klassischen Investor? Für wen sind staatliche Töpfe geeignet und was muss man dafür tun?, in: Venture Capital Magazin, Sonderausgabe, 2014, S.64-65.

Damsen, J. [2007]

Venture Capital: Definition, Ausgestaltung, Ziele. Norderstedt, S. 3

Faltin, G. [2008]

Kopf schlägt Kapital. Die ganz andere Art, ein Unternehmen zu gründen. Von der Lust Entrepreneur zu sein, 4. Aufl., München 2008.

Freiling, J. [2006]

Entrepreneurship. Theoretische Grundlagen und unternehmerische Praxis (Vahlens Handbücher der Wirtschafts- und Sozialwissenschaften), München 2006.

Fueglistaller, U./Müller, C./Müller, S./Volery, T. [2012]

Entrepreneurship. Modelle-Umsetzung-Perspektiven, 3. Aufl., Wiesbanden 2012.

Garbs, H. [2014]

Ein Jahr nach Verabschiedung des Koalitionsvertrages- Kein Schrittt vor, ein Schritt zurück, in in: Venture Capital Magazin, Dezemberausgabe, 2014, S.14-17.

Gruenderszene.de [2015a.]

Lexikon. Begriff Entrepreneurship, verfügbar unter: http://www.gruenderszene.de/lexikon/begriffe/entrepreneurship (22.01.2015).

Heinick, H. [2014]

Branchenfokus Baby- und Kinderausstattung 2014. Jahrgang 2014, Köln Institiut für Handelsforschung, Studie, 2014.

Hohman, D. [2011]

Methoden der Unternehmensentwicklung, Corporate Governance von Veränderungsprozessen am Beispiel der Akquisition, Wiesbanden 2012.

Jacobsen, K.L. [2003]

Bestimmungsfaktoren für Erfolg im Entrepreneurship. Entwicklung eines umfassenden theoretischen Modells, Berlin, Freie Universität Berlin, Dissertation, 2003.

Jellinghaus, L. [2014]

Der Staat als Venture Capital Investor.

Klandt, H. [2008]

Gründungsmanagement. Der Integrierte Unternehmenplan, 2. Aufl., München 2006

Koch, L.T./Zacharias, C. [2001]

Gründungsmanagement. Mit Aufgaben und Lösungen, in: Koch, L.T./Zacharias C. (Hrsg.): Sudien- und Übungsbücher der Wirtschafts- und Sozialwissenschaften, 1 Aufl., München 2001, S. 37-48.

Kollmann T. [2009]

E Entrepreneurship. Grundlagen der Unternehmensgründung in der Net Economy, 3 Aufl., Wiesbanden 2009.

Kulicke, M. [2013]

15 Jahre EXIST "Existenzgründungen aus der Wissenschaft. Entwicklung des Förderprogramms von 1998 bis 2013, verfügbar unter: http://www.exist.de/SharedDocs/Downloads/DE/15-Jahre-EXIST-Existenzgruendungen-Wissenschaft.pdf?__blob=publicationFile (24.02.2015).

Kulka, A. [2007]

Entrepreneurship. Von der Geschäftsidee zum erfolgreichen Unternehmen, Gebesee, Hochschule Reutlingen, Diplomarbeit, 2007.

Löffer, H. [2014]

Gruenderszene.de. Gründer Eigenschaften, verfügbar unter: http://www.gruenderszene.de/allgemein/gruender-eigenschaften (22.01.2015).

o.V. Bundesministerium für Wirtschaft und Technologie [2014a]

Weg in die Selbständigkeit. Finanzierung, verfügbar unter: http://www.existenz gruender.de/selbstaendigkeit/finanzierung/wissen/00105/index.php (23.01.2015).

o.V. Bundesministerium für Wirtschaft und Technologie [2014b]

Richtlinie zur Förderung von Unternehmensgründungen (EXIST-Gründerstipendium) im Rahmen des Programms „Existenzgründungen aus der Wissenschaft" – Neufassung, verfügbar unter: http://www.exist.de/SharedDocs/Downloads/DE/Antragsunterlagen/Neue-Foerderrichtlinie-EXISTGruenderstipendium.pdf?__blob=publicationFile (24.01.2015).

o.V. Bundesministerium für Wirtschaft und Technologie [o.J.a.]

Weg in die Selbständigkeit. Finanzierung, verfügbar unter: http://www.existenz gruender.de/selbstaendigkeit/finanzierung/wissen/00105/index.php (23.01.2015).

o.V. Bundesministerium für Wirtschaft und Technologie [o.J.b]

Gründungsnetztwerke. Exist-Gründungsnetzwerke, verfügbar unter: http://www.exist.de/DE/Netzwerk/Exist-Gruendungsnetzwerke/inhalt.html (24.01.2015).

o.V. European Comission [2014]

Cordis. Programme, verfügbar unter: http://cordis.europa.eu/fp7/ict/programme/fet/flagship/home_en.html (24.01.2015).

o.V. Existenzgruender-helfer.de [o.J.]

Sicher starten. Erfolg ist planbar, verfügbar unter: http://www.existenzgruender-helfer.de/2011/03/20/oekonomisches-prinzip-wirtschaftlichkeitsprinzip/ (22.01.2015).

o.V. Foerderland.de [o.J.]

Finanzen. Investitionsphasen, verfügbar unter: http://www.foerderland.de/finanzen/investitionsphasen/early-stages/ (22.01.2015).

o.V. fuer-gruender.de [o.J.]

Finanzplan: das Herzstück im Businessplan für jede Gründung, verfügbar unter: http://www.fuer-gruender.de/wissen/existenzgruendung-planen/finanzen/ (22.01.2015).

o.V. Innovationsgutscheine [2014]

Förderbedingungen, verfügbar unter: http://mfw.baden-wuerttemberg.de/de/mensch-wirtschaft/mittelstand-und-handwerk/innovationsgutscheine/ (24.01.2015).

o.V. Kickstarter.com [o.J.]

Kickstarter Website. Intro, verfügbar unter: https://www.kickstarter.com/year/2014?ref=footer#stats-4 (23.01.2015).

o.V. KfW Bankengruppe [o.J.]

KfW Unternehmerkredit Plus. Die Komplettlösung für Vorhaben innovativer Unternehmen, verfügbar unter: https://www.kfw.de/inlandsfoerderung/Unternehmen/Gr%C3%BCnden-Erweitern/F%C3%B6rderprodukte/KfW-Unternehmerkredit-Plus-(044-046)/ (24.01.2015).

o.V. RTL [2012]

Ein Baby ist ganz schön teuer. So viel kostet Spielzeug und Kleidung, ver-fügbar unter:http://www.rtl.de/cms/ratgeber/familie/kinder/soviel_kostet_ein_baby.html #iArtSection117576 (22.01.2015).

o.V. Statista [2015]

Gesamtvolumen des durch Crowdfunding eingesammelten Kapitals in Deutschland vom 1. Quartal 2011 bis zum 3. Quartal 2014 (in Millionen Euro), verfügbar unter: http://de.statista.com/statistik/daten/studie/252385/umfrage/volumen-des-durch-crowd-funding-eingesammelten-kapitals-in-deutschland/ (22.01.2015).

o.V. welt-der-bwl.de [o.J.a]

Finanzierung. Innenfinanzierung, verfügbar unter: http://www.welt-der-bwl.de/Finanzierung-aus-Abschreibungen (24.01.2015).

o.V. welt-der-bwl.de [o.J.b]

Finanzierung. Innenfinanzierung, verfügbar unter: http://www.welt-der-bwl.de/Finanzierung-aus-R%C3%BCckstellungen (24.01.2015).

o.V. welt-der-bwl.de [o.J.c]

Finanzierung. Innenfinanzierung, verfügbar unter: http://www.welt-der-bwl.de/Stille-Selbstfinanzierung (24.01.2015).

o.V. welt-der-bwl.de [o.J.d]

Kennzahlen. Bilanzzahlen, verfügbar unter: http://www.welt-der-bwl.de/Goldene-Finanzierungsregel (23.01.2015).

Räth, M. [2013]
Wissenschaft. Microsoft baut Startup Center in Berlin, verfügbar unter: http://www.gruenderszene.de/allgemein/start-up-center-microsoft (22.01.2015).

Ripsas, S./Schaper, B./Nöll, F. [2013]

Deutscher Startup Monitor 2013. Hochschule für Wirtschaft und Recht Berlin/Bundesverband deutsche Startups e.V., Jahresbericht 2013, Berlin 2013.

Ripsas, S./Schaper, B./Nöll, F. [2013]

Deutscher Startup Monitor 2013. Hochschule für Wirtschaft und Recht Berlin/Bundesverband deutsche Startups e.V., Jahresbericht 2013, Berlin 2013.

Schleuniger, J. [2014]

VC, Acceleratoren, Crowd & Angel. Welche Finanzierung passt?, verfügbar unter: http://www.fuer-gruender.de/blog/2014/02/finanzierung-strategie/ (22.01.2015).

Statistisches Bundesamt [2011]

Wie leben Kinder in Deutschland. Begleitmaterial zur Pressekonferenz, Berlin 2011.

Strascheg Center For Entrepreneurship (SCE) [2013]

Jahresbericht 2012/2013, München 2013.

Strascheg Center For Entrepreneurship (SCE) [2014]

Das Proto-Förderprogramm der Hochschule München und des SCE.

Timmons J./Spinelli S. [2007]

New Venture Creation. Entrepreneurship for the 21st Century, Mc Graw Hill 2007.

Ulrich, H. [1984]

Management, 1. Aufl., Bern 1984

Wedell, H./Dilling, A.A. [2013]

Grundlagen des Rechnungswesens: Lehrbuch und Online-Training mit über 50 Aufgaben. Buchführung und Jahresabschluss. Kosten- und Leistungsrechnung, 14 Aufl. 14, Herne 2013.

William, B./Timmons. J. [1992]

Venture Capital at the Crossroads.Harvard Business Press 1992.